ENSEÑAR
DERECHO CONSTITUCIONAL

ENSEÑAR
DERECHO CONSTITUCIONAL

EDICIÓN 2024

Ignacio Álvarez Rodríguez

COLEX 2024

© Editorial Colex, S.L.
Calle Costa Rica, número 5, 3º B (local comercial)
A Coruña, C.P. 15004
info@colex.es
www.colex.es

I.S.B.N.: 978-84-1194-416-8
Depósito legal: C 521-2024

SUMARIO

1

INTRODUCCIÓN

2

EL PROFESOR DE UNIVERSIDAD QUE HABLA: BOSQUEJO DEL OFICIO

3

CONTEXTO POLÍTICO Y ACADÉMICO

4

PROYECTO DOCENTE

5

PROYECTO INVESTIGADOR

1

INTRODUCCIÓN

El presente escrito trae causa del proyecto que se presentó en su día en aras del cumplimiento de lo establecido en la normativa complutense pertinente, publicada en el BOE. En ella se convocaba una plaza de Profesor Titular de Universidad, adscrita al área de conocimiento «Derecho Constitucional», en el Departamento de Derecho Constitucional de la Facultad de Derecho de la Universidad Complutense de Madrid.

Como puede observarse ya en el índice, el proyecto que aquí presentamos tiene, fundamentalmente, cuatro ramas. La primera pretende situar al lector en el oficio de profesor universitario, explicando en qué consiste hoy día las labores de quien ejerza tal puesto, para después hacer lo propio con el contexto político y académico. La segunda es el proyecto docente, donde se explicitará el ámbito científico concreto de desarrollo del proyecto, el Derecho Constitucional, dividido a su vez en varios apartados que tienen que ver con las asignaturas en las que se compendia. El tercero es el proyecto investigador, momento en el que se explicará qué se ha hecho hasta la fecha de presentación del presente proyecto y, brevemente, qué línea de investigación querría seguir quien esto escribe a corto, medio y largo plazo. Se dedicará el espacio oportuno para explicar ambos con el detalle que la ocasión requiere, sin eludir la concisión allá donde se pueda. Finalmente, la cuarta rama tiene que ver con el proyecto de gestión, pues esa y no otra es la tercera exigencia de nuestro trabajo en la Universidad de los tiempos posmodernos que nos han tocado en suerte vivir.

Antes de entrar en materia, señalemos algunas particularidades que conviene retener para no llamar al lector a engaño. Son pequeñas enseñanzas a las que hemos llegado después de analizar nuestro peculiar itinerario académico.

Lo primero que llama poderosamente la atención es que los proyectos docentes e investigadores (al menos exigidos para el acceso a la plaza de profesor titular y a la de catedrático) no se publican. Hay honrosas excepciones pero la regla general es que se guarden en un cajón a la espera de poder dejárselo a un colega más joven que aspire a ocupar tales puestos[1]. En consecuencia, nadie te enseña a hacer un proyecto docente e investigador, si son generosos te lo suelen dar hecho y, a partir de ahí, uno ya se hace la composición de lugar e introduce las variantes o matices que estime oportunas. Estamos ante un texto que circula de mano en mano, con leves retoques aquí y allá, que obedecen al ajuste que impone la convocatoria de turno. Cada cual adapta el texto a sus necesidades y, acabada la prueba, se olvida en un cajón[2].

Hice en gran medida solo el proyecto que presenté para la plaza de titular. Entiéndase bien: fueron muchos los que de una u otra forma me ayudaron, pero mi obsesión y cerrazón mental hicieron que, una vez más, me recluyera entre libros y escritos para hacer un proyecto singular y diferenciado del resto. Me inspiré en cuestiones de estructura y forma en el del profesor Matia Portilla, especialmente en cuanto a justificar con documentos los méritos alegados y las tareas acometidas, como por ejemplo los indicios de calidad de mi docencia con las encuestas de alumnos y las correspondientes evaluaciones en el programa *Docentia*. En fin, prefiero equivocarme en mis propios términos que acertar en los de otros.

Por lo demás, y siendo honestos, la tarea roza lo imposible. ¿Cómo dejar por escrito todo lo que debiera hacerse a la hora de enseñar, investigar (y gestionar) en Derecho Constitucional? Las páginas que vienen a continua-

---

1 De los que se publican, puede verse MATIA PORTILLA, F. J.; «Proyecto Docente Cátedra», en https://albergueweb1.uva.es/javiermatia/workingpapers/. Último acceso: 18/12/2023. También, en otras disciplinas, algunos compañeros han hecho lo propio. *Vid.* MARÍN-GARCÍA, J. A.; *Proyecto docente, investigador y de gestión presentado para concursar a la plaza de catedrático/a de Universidad*, concurso n.º 69/21 (cód: 6558), área de conocimiento «Organización de Empresas», 2021, *RiuNet:Universitat Politècnica de València*. http://hdl.handle.net/10251/175997. Último acceso: 18/03/2024; ESCUDERO MANCEBO, D.; «Proyecto docente e investigador», Catedráticos de Universidad. *Área de Ciencia de la Computación e Inteligencia Artificial*, Universidad de Valladolid, 29 de mayo de 2023. En línea: https://uvadoc.uva.es/bitstream/handle/10324/59693/proyectoDocenteInvestigadorEscudero-Mancebo.pdf?sequence=1&isAllowed=y. Último acceso: 18/12/2023; y GARCÍA-HOLGADO, A. (2022). *Proyecto Docente e Investigador. Profesora Contratada Doctora. Perfil Docente: Ingeniería de Software e Interacción Persona-Ordenador. Perfil Investigador: Mujer en Informática. Área de Ciencia de la Computación e Inteligencia Artificial*. Salamanca, España: Departamento de Informática y Automática, 2022, Universidad de Salamanca. doi:10.5281/zenodo.7164375. En línea: https://repositorio.grial.eu/bitstream/grial/2869/1/PDI_AliciaGarciaHolgado.pdf. Último acceso: 18/03/2024.

2 La sensación ha sido corroborada por quienes estudian tales aspectos. Así, por ejemplo, el profesor Torres-Salinas alega que una de las cosas que más le sorprendió es el «tráfico» de Proyectos que existe y «la copia indiscriminada» de los mismos. *Vid.* TORRES-SALINAS, D.; «¿Cómo preparar el proyecto docente e investigador y el currículum vitae para una plaza de profesor contratado doctor o titular de universidad», de 1 de febrero de 2023. En línea: https://digibug.ugr.es/bitstream/handle/10481/79870/torressalinas%20-%20defensaplazacd.pdf?sequence=1&isAllowed=y. Último acceso: 20/03/2024.

ción solo pueden ordenar algunas ideas que ofrezcan propuestas sintéticas al respecto. No son —ni quieren ni pueden ser— exhaustivas. Hechas estas cautelas previas, contaremos al lector lo que opina quien esto escribe sobre la profesión.

2

EL PROFESOR DE UNIVERSIDAD QUE HABLA: BOSQUEJO DEL OFICIO

En este apartado vamos a hacer una breve introducción al oficio de profesor de universidad, visto por quien escribe estas líneas[3]. Posteriormente se aborda en qué consiste dicho oficio, teniendo en cuenta que las obligaciones discurren por tres cauces: la docencia, la investigación y la gestión. Acto seguido propondremos las peculiaridades de un oficio que tiene mucho que ver con lo intelectual. Finalmente, haremos ciertas salvedades que tienen que ver con el marco universitario en el que se desenvuelven dichas facetas, pues la Universidad del siglo XXI presenta particularidades suficientes como para abordarlas con cierto detenimiento. No obstante, el lector interesado puede buscar más información, lecturas y argumentos en un libro publicado por quien esto escribe, de reciente aparición[4].

A. Introducción

La introducción a los quehaceres del laburo universitario no puede hacerse sin reparar en que la Universidad es una institución milenaria, remontando sus orígenes actuales a la de Bolonia, creada en 1088. No obstante, no vamos a dedicar especial atención a lo que ha sucedido hasta ahora, salvo que nos resulte útil para entender lo que sucede hoy. El motivo es bien sencillo: este proyecto se presenta para concursar a una plaza de profesor titular de Derecho Constitucional en una Universidad específica y dentro de un tiempo histórico limitado e intentaremos privilegiar dicho enfoque por encima de veleidades intelectuales o grafómanas. Más allá de disquisiciones teóricas,

3 Un libro esclarecedor que trata las diferentes etapas académicas es el de RAMIÓ, C.; *Manual para los atribulados profesores universitarios*, Los Libros de la Catarata, Madrid, 2014.

4 *Vid.* ÁLVAREZ RODRÍGUEZ, I.; *Sobre la libertad académica*, Dykinson, Madrid, 2023.

conviene recordar que cuando uno argumenta que «el sistema educativo ha fracasado» quien fracasa de veras es el alumno, para quien resulta un fiasco es para el estudiante. Ahí reside el drama en toda su extensión[5].

Lo más relevante es entender que a un profesor de universidad que se precie se le va a exigir que acometa tres tipos de tareas, compuestas a su vez de decenas de subtareas adicionales. La primera es la función docente, o, dicho de otra manera, dar clase y todo lo que exige esta empresa. La segunda es la función investigadora, lo que significa producir conocimiento científico nuevo para su comunidad. La tercera es la función de gestión, en la que se nombra al profesor para un cargo y este lo ejerce lo mejor que puede y sabe.

B. La triple entente como exigencia profesional

El artículo 11.2 de la Ley Orgánica del Sistema Universitario de 2023 establece como un derecho y un deber del profesorado universitario la docencia y la investigación. Más adelante, en el artículo 75, establece la posibilidad de ejercer cargos unipersonales de representación y/o gobierno. Por lo tanto, el marco jurídico establece claramente dos funciones y una posibilidad.

La primera faceta es la función docente. Esta consiste en dar clases, tarea que no es entendida de forma unívoca por la comunidad académica. Unos creen que es transmitir conocimientos y otros piensan que es crear las condiciones para que los alumnos puedan aprender por sí mismos[6]. Sea como fuere, un profesor a tiempo completo suele impartir docencia en tres grupos durante un curso académico, lo que viene a significar tener clase entre dos y tres días a la semana. También se debe incluir el preparar las clases, lo que suele llevar un tiempo precioso. De hecho, se estila un cálculo nada científico, pero con visos de credibilidad, de que por cada hora de clase hay que estudiar cinco (como mínimo).

Pero no basta con estudiar y llegar al aula a explicar lo estudiado. Hay que elaborar materiales adicionales para intentar que el alumno pise firme seguro a lo largo de la explicación. A veces son esquemas y otras son diapositivas. También formatos videográficos. Los recursos generados, así como cualquier otro que pueda surgir en el discurrir de la docencia, se suelen poner a disposición de los discentes en Campus Virtual, una herramienta tan útil para algunas cosas como arrebatadora de tiempo para otras.

---

5 Según algunos expertos en la materia, conviene que el estudiante acepte que fracasará, antes o después, en algunas tareas universitarias. *Vid.* Bain, K.; *Lo que hacen los mejores estudiantes de universidad*, Universidad de Valencia, 2014, p. 117 y ss.

6 *Vid.* Bain, K.; *Lo que hacen los mejores profesores universitarios*, Universidad de Valencia, Valencia, 2007; y Finkel, D.; *Dar clase con la boca cerrada*, Universidad de Valencia, Valencia, 2008.

La función docente se completa, o se complementa, mediante la escritura de manuales, materiales docentes y apuntes que se ponen a disposición del alumno y que, en su versión más pulida, constituyen un medio idóneo para estudiar la materia. Pueden adoptar la forma de Manuales, pero el conocimiento enciclopédico que incorporan, amén del signo de los tiempos, quizá haga más aconsejable optar por formatos directos y compactos. El alumno de universidad lee lo que lee y tiene muchas otras asignaturas que cursar y diversos Manuales que comprar.

En las clases, auténtico cogollo de la enseñanza, se opta por un lenguaje llano y sencillo que transmita al alumno las principales ideas mediante ejemplos. Es importante hacer notar que la auténtica y genuina transmisión del conocimiento no tiene tanto que ver con ser un oscuro y abigarrado pensador sino con abrir la ventana y dejar que entren aire y sol. Huelga decir que el método socrático no pasa de moda y por ese motivo se recomienda a los alumnos que el día anterior a nuestra clase lean los epígrafes que se explicarán a posteriori, para poder tener un debate fructífero en torno a lo enseñado y evitar que el aula se convierta en un monólogo o en un diálogo de sordos, si se permite la expresión. Suele ser productivo recubrir las enseñanzas con anécdotas e historias de diverso pelaje, pues nuestro cerebro es narrativo y no deja de construir relatos para explicarse el mundo.

Una breve consideración sobre nosotros los humanos. No somos por la tarde los que somos por la mañana, siendo como somos maravillosamente contradictorios. Si uno desayuna tostada con café no es el mismo que si desayuna napolitana de chocolate con Coca-Cola. Esto se dice pensando también en los alumnos y en hacerles ver que los seres humanos somos así y que la Constitución la aplicamos nosotros a las vidas cotidianas de las personas que caen bajo su manto, contradicciones mediante.

Huelga decir que la función docente no se agota en la docencia presencial ordinaria. A ello se le debe sumar las tutorías que hacemos con los alumnos, a veces en el despacho, otras inmediatamente después de clase, las más peculiares en la cafetería o en los aledaños de la Biblioteca. Tampoco es desdeñable la cantidad de correos electrónicos que nos escriben a los efectos, con el compromiso de responder en un plazo razonable las cuestiones que nos planteen. Finalmente, en este magma docente, debemos mencionar los Trabajos Fin de Grado y las Prácticas Externas que tutorizamos. Este tipo de trabajos son, formalmente, una asignatura más del plan de estudios correspondiente, por lo que la materia está a medio caballo entre una asignatura más y un trabajo donde el alumno empieza a soltar la pluma, por un lado, y, por otro, se subsume en el ambiente laboral cotidiano de una empresa o un despacho de abogados. Y no solo hay que tutorizar sino también formar parte de las comisiones académicas que evalúan los trabajos, en jornadas duras, de mañana y tarde, a veces inacabables.

Por otro lado, tenemos la función investigadora. Sin perjuicio de lo que diremos después, basta reseñar ahora que esta consiste en la producción de conocimiento científico nuevo. El Derecho Constitucional se cultiva, básicamente, con lecturas de normas, jurisprudencia y doctrina. Pero el lector debe saber que tiene más de arte que de ciencia. En ese sentido, publicamos los resultados de lo estudiado en forma de monografías, capítulos de libro y artículos científicos. Una reflexión se antoja esencial: ser original no es crear algo nuevo de la nada, pues es bien sabido que desde Grecia y Roma inventar, lo que se dice inventar, no hemos inventado mucho. Es la forma que tenemos de conjugar y presentar los resultados lo que puede tener cierta originalidad. Pero el «qué» ya está dicho desde tiempos inmemoriales. No hay que esconderlo ni obviarlo.

Aunque la función investigadora tiene mucho de maratón contra uno mismo, donde la soledad del corredor de fondo hace acto de presencia en las jornadas de lectura concentrada, síntesis escrita de lo estudiado y reflexión sobre ambas cosas, no puede desdeñarse la importancia que tienen los proyectos de investigación, esfuerzos colectivos dirigidos por uno o dos investigadores principales y que a través de la captación de fondos —usualmente, públicos— orientan y ejecutan una línea de investigación en torno a un equipo que trabaja individual y colectivamente. Los *hayekianos* dirían que estamos ante un lujo respaldado por el Estado, pero lo cierto y verdad es que la dedicación siempre requiere de un sinfín de pequeñas acciones dolorosas. A veces, cada paso es en sí mismo doloroso. Resistir es vencer a largo plazo. Cuanto más se expone uno, más consigue a la larga.

También podría entrar dentro de esta faceta la generación de resultados tecnológicos de nuestra actividad científica. En realidad, con tan pomposo nombre se define la transferencia de conocimiento, de investigación, desarrollo e innovación, desde el ámbito universitario público al ámbito social y empresarial. Pueden ser los antiguos artículo 83 LOU o apariciones y/o colaboraciones en prensa, radio, televisión y, en general, cualesquiera formatos audiovisuales donde se necesite la concurrencia de juristas expertos en la materia que toque ese día. Recuérdese que para que una democracia liberal funcione se necesita un ágora pública de gente sensata y decente, proclives a debatir ideas y posturas y negándose a tocar a rebato para hacer la cacería de turno contra la pieza a batir. Aunque nos explayaremos posteriormente sobre el particular, dejamos aquí anotado que necesitamos cierta frialdad de juicio, ánimo constructivo al detectar problemas, perseverancia en buscar soluciones y cuidado en evitar sectarismo y ofuscaciones dogmáticas. La ciencia no es sino las virtudes morales e intelectuales de los científicos[7].

7 Así lo observa, creemos que con todo acierto, PÉREZ-DÍAZ, V.; *Universidad, ciudadanos y nómadas*, Ediciones Nobel, Oviedo, 2010, p. 173 y ss.

Todo ello se mide convenientemente, tanto la docencia como la investigación. Si uno ocupa una plaza donde se puedan solicitar los complementos retributivos de turno, pasado el corte obtendrá lo que se llama un quinquenio docente y/o un sexenio de investigación. La evaluación sucede cada cinco y seis años, respectivamente. Aunque no es la única manera de dar a conocer el trabajo de uno, pues el profesor de universidad del siglo XXI tiene que crearse diferentes perfiles académicos —redes sociales como Academia.edu o Researchgate.net— donde ir *colgando* sus trabajos y haciéndose autopromoción.

Como se puede observar, no es infrecuente llegar al diagnóstico de que el oficio de profesor de universidad ha adquirido tintes que rozan lo dramático por híper veloces, frenéticos, acumulando cada vez más obligaciones por igual (o menor) sueldo y con algunas patologías en forma de ansiedad y depresión por parte del profesorado que convendría tratar con la seriedad que merece la ocasión[8].

C. Un trabajo fundamentalmente intelectual

Todos los trabajos son intelectuales, pues todos ellos exigen el empleo de las meninges para hacer lo que proceda. Sucede que algunos son más intelectuales que otros, o exigen más del cerebro que del cuerpo. No obstante, conviene recordar un criterio que Haruki Murakami defiende con insistencia y acierto: estar muchas horas sentado en el escritorio, leyendo y/o escribiendo, exige estar en buena forma física[9]. Es una prueba de resistencia que muchas personas, pasados los vahídos provocados por leyendas míticas sobre las musas y demás seres inexistentes —«que te pillen trabajando»— no superan porque creen que no valen. Y no: es porque no resisten. Ser profesor de universidad es una carrera de fondo en la que a diario tienes que gestionar muchos sinsabores relacionados con un oficio eminentemente intelectual. ¿Qué puede significar tal cosa? ¿Qué implicaciones tiene?

Por un lado, al trabajar con ideas y argumentos, entre papeles, despunta la tendencia a intelectualizar hasta el asunto más prosaico. Tal factor se multiplica debido al *efecto burbuja* o *pecera de cristal*, donde el profesor de universidad se sienta dentro de su torre de marfil y de tanto abstraerse acaba por hacerlo hasta respecto de las cuestiones prácticas más elementales[10]. Por

8 Existen estudios que abogan por reducir la marcha actual y volver a las esencias de la profesión. *Vid.* BERG, M.; Y SEEBER, B. K.; *The Slow Professor. Desafiando la cultura de la rapidez en la academia*, Editorial Universidad de Granada, Granada, 2022.

9 MURAKAMI, H.; *De qué hablo cuando hablo de escribir*, Tusquets, Barcelona, 2017.

10 «La vida académica es, como la escritura, una burbuja aislada de la vida real, con sus propias reglas y escala de valores. Cualquier tragedia que suceda en el interior de ese universo esterilizado se contrae al contacto con la atmósfera...». Así lo expresa OREJUDO, A.; *Grandes éxitos*, Tusquets, Barcelona, 2017, p. 147.

eso conviene intentar engastar lo que enseñamos con la vida real. Por eso el constitucionalismo es y solo puede ser humanismo. En clase suelo decir que la Constitución es aquello que nos permite hacer la vida que hacemos desde que nos levantamos hasta que nos acostamos sin despedazarnos mutuamente. Y creo que así sigue siendo.

Por otro lado, lo intelectual es muy dado a la deriva ideológica y a convertir cualquier foro universitario en mera propaganda proselitista o en una discusión sobre cuestiones políticas de regate corto[11]. Tenemos suficientes pensadores que nos han prevenido sobre los peligros de estas inercias, por lo que nos quedaremos con dos que resultan fundamentales: Jean François Revel y Félix Ovejero. El primero realiza una crítica durísima y certera sobre los peligros de ciertas ideologías extremas en las aulas, auspiciadas y promovidas por profesores que solo buscaban aplaudir a los que llegaban convencidos de casa y manipular las mentes de quienes no lo estaban para *convertirlos*. El segundo insiste en que el trabajo intelectual debe regirse por el rigor y el tomarse a uno mismo en serio, máxime cuando cultivamos saberes invulnerables a la tasación o a la estadística. Bajo esas condiciones, y parafraseando a Oppenheimer, un proyecto científico es un éxito aunque falle. Sin tales virtudes el quehacer académico se convierte en un menú panfletario donde en verdad nada se elige, con escaso color y menos sabor[12].

D. Un trabajo en la Universidad del siglo XXI

Se ha escrito bastante en los últimos tiempos sobre la crisis de la Universidad[13]. Las principales críticas que se le hacen es que ha privilegiado lo mercantil antes que lo educativo, pasando de ser una institución donde se reúnen maestros y discípulos en torno al libro a ser un lugar donde se expiden títulos a personas que están el menor tiempo posible entre sus paredes, en previsión de conseguir un empleo el día de mañana. El Plan Bolonia hizo mucho daño. Pero una realidad tan negativa no se sustenta solo en un plan educativo más o menos impuesto desde Europa (aunque algunos países no

---

11 Los propagandistas son personas que han llegado a la convicción de haber descubierto lo que necesita el mundo y, por ello, se ven acuciados por la imperiosa necesidad de comunicarlo y *propagarlo* a los cuatro vientos. Así se explica que los comunistas hayan sido, tradicionalmente, excelentes portadores de la palabra. *Vid.* Hyde, D.; *Compromiso y liderazgo*, HazteOír.org, Madrid, 2014, p. 123.

12 *Vid.* Revel, J-F.; *El conocimiento inútil*, Página Indómita, Barcelona, 2022 (1.ª edición original: 1988); y Ovejero, F.; *El compromiso del creador. Ética de la estética*, Galaxia Gutenberg, Barcelona, 2014. En contra de esta visión y a favor de la politización de las aulas puede verse Bourdieu, P.; *Homo academicus*, Siglo XXI Editores, Buenos Aires, 2008 (1.ª edición original: 1984).

13 Véase VV. AA.; «Universidad 2023», *Nueva Revista de Política, Cultura y Arte*, n.º 184, 2023, 167 pp; y Rivero Ortega, R.; *El futuro de la Universidad*, Ediciones Universidad de Salamanca, Salamanca, 2021.

lo aplican a sus titulaciones de Derecho, tales como Alemania, Inglaterra o Francia) sino que los vientos que soplan son de una envergadura mucho mayor y discurren por derroteros que inclinan a favorecer el valor comercial de la investigación y de la educación[14].

Siguiendo al profesor Nieto, la Universidad siempre estuvo en pocas manos. Es más, esas personas que debían servir a la institución han conseguido que esta les sirva a ellas. La cuadratura del círculo. Para Nieto, fueron los catedráticos de antaño quienes entendieron que la Universidad era patrimonio propio y regían sus destinos como si fuera una finca privada, sin rendir cuentas a nadie. Los profesores, mansos y reacios a airear en público nuestras cuitas, hacemos lo que podemos en ese contexto. Pero ir a clase e impartirla o no hacerlo no pasa ninguna factura. Los estudiantes participan en el enjuague al vender su silencio por el aprobado, sin mayores esfuerzos ni dilemas. A quienes cumplen honesta y heroicamente con sus cometidos, sean del gremio que sean, les vale el reproche generalizado[15].

Sin ser incierto esto que se acaba de decir, es posible que tal estado de cosas haya cambiado. La lógica de la división en Escuelas, dirigidas con mano férrea por el cátedro de turno y enfrentadas entre sí, probablemente se haya superado. El clima que se respira a día de hoy por los departamentos universitarios es algo más fresco y saludable. Al menos ese suele ser el testimonio de quienes se hicieron profesores en la época de finales de los setenta y ochenta, personas que hoy tienen en torno a los cincuenta-sesenta años.

E. Un trabajo condicionado

Los hechos expuestos hasta aquí demuestran que el trabajo del profesor de universidad está inevitable y fuertemente condicionado por factores de diverso pelaje. No obstante, existen algunos que merecen resaltarse por separado, dada su enjundia. Para hacerlo dividiremos en dos categorías la exposición. Por un lado, lo que podemos llamar condiciones materiales y, por otro, lo que denominamos condiciones inmateriales.

Dentro de las condiciones materiales destacan los edificios donde trabajamos, los despachos, los ordenadores y las sillas, las instalaciones y equipamientos en general, y cómo funcionan aspectos como la calefacción o el aire acondicionado (no estoy bromeando). Tales aspectos también son

14 Es por eso por lo que las convocatorias de proyectos públicos de investigación en España establecen como una de las condiciones para, en su caso, financiarlos, es el compromiso de publicar los resultados de las investigaciones pertinentes en libre acceso. Sobre la privatización del conocimiento y la ruptura de la legitimidad y la credibilidad de los expertos véase Davies, W.; *Estados nerviosos. Cómo las emociones se han adueñado de la sociedad*, Sexto Piso, Madrid, 2020, 2.ª edición.

15 *Vid.* Nieto, A.; *El mundo visto a los 90 años*, Comares, Granada, 2022, p. 121 y ss.

predicables de otros hábitats naturales del profesor, como la biblioteca, su departamento o, por qué no decirlo, la cafetería. Recordemos algo obvio: no solo debemos estar bien equipados, sino que debemos poder sacar partido a tales equipaciones. Un despacho en invierno donde no funcione la calefacción es inhabitable. Una biblioteca con mucha luz solar es magnífica, pero si estamos en verano sin aire acondicionado es un lugar impracticable. Así podríamos seguir hasta el infinito.

No obstante, es de justicia señalar que quien esto escribe ha visto cómo, en líneas generales, tales prestaciones se dan en la práctica. El problema suele venir cuando algo se estropea o se gasta y hay que solicitar la intervención de innumerables departamentos y unidades administrativas para gestionar la adquisición de un elemento nuevo o la reparación de otro. Las doce pruebas de *Astérix* se quedan cortas. Todos sufrimos el procedimiento exigido para solicitar una caja de bolígrafos BIC. Lo comentamos en el café y seguimos adelante, temiendo que llegue la siguiente medida desnortada. Lo mismo puede decirse de los recursos humanos que prestan servicios junto a nosotros para que el trabajo salga adelante: personal técnico, de gestión, de administración y servicios, personal de mantenimiento (los que la LOSU llama PTGAS).

Dentro de las condiciones inmateriales tiene especial importancia las cuestiones relativas a la salud, tanto física como mental, de quienes trabajamos *en la trinchera*. Goza de igual relevancia dicha salud en el caso de los alumnos y del resto de compañeros. Cualquier actividad laboral es una actividad creada y dirigida por y para humanos, realizada por y entre humanos, con todo lo que ello implica. Eso significa la expresión «comunidad universitaria».

Además, recuérdese que la jerarquía se hace sentir, puesto que la pirámide universitaria ocupa a cada uno en el escalón que le corresponde (o en el que *le toca*). También hay que limar asperezas. Construir juntos. Gestionar alegrías, disgustos, amistades y enemistades, rencillas, rencores, apoyos y envidias, filias y fobias. Al fin y al cabo, el factor humano es lo que más brilla o, dicho con otras palabras, lo que tanto nos da y nos quita.

Quizá la condición inmaterial más importante sea el tiempo, tal y como demuestra el análisis que realiza Arias Maldonado, uno de los males universitarios de esta nuestra época[16].

El politólogo malagueño cifra como uno de los grandes males de la Universidad contemporánea la falta de tiempo, estrechamente unido a la cantidad de tareas fútiles que debemos realizar de ordinario. Además, todo necesitamos optimizarlo, sacarle el máximo partido curricular, pero estamos estresados y faltos de tiempo y de energía. Quien se vacía teniendo que rellenar

16 *Vid.* Arias Maldonado, M.; «El tiempo de los profesores universitarios», *Universídad. Una conversación pública sobre la universidad*, 23/6/2022. En línea: https://www.universidadsi.es/desempeno-docente-de-calidad/. Último acceso: 10/2/2024.

papeles absurdos no tiene fuerzas para mucho más. Y es de lamentar, porque un profesor de universidad tiene como tareas principales estudiar, reflexionar sobre lo estudiado, enseñarlo y publicar los resultados de tal reflexión.

Pero Arias Maldonado lo deja meridianamente claro: la realidad objetivable del profesor universitario es que el número de tareas excede el tiempo disponible para realizarlas, incluso previendo horarios elásticos con los que nos intentamos disciplinar. Esto de la flexibilidad horaria tiene truco, no obstante, porque te lleva a trabajar todo el día o a pensar que deberías hacerlo. Una variante más de la Ley de Parkinson: la tarea ocupará el tiempo del que dispongas. A más tiempo, más trabajo (no más tiempo para otras cosas). De ahí que sea capital conseguir establecer un pacto con uno mismo basado en un horario y, cumplido este, dedicarte a otras cosas como hacer deporte, ver cine, leer buena literatura o similares.

El panorama es sombrío. Apenas queda tiempo para pensar y comprender: hay que producir y hay que hacerlo en masa. Si uno observa los criterios que exige la ANECA para la acreditación a las figuras de los cuerpos docentes, lo que se acaba de decir es fácilmente observable. Por ejemplo, para la cátedra, en el apartado investigador piden seis monografías de autoría individual, veinte capítulos de libro y veinte artículos científicos. Y eso es solo un apartado dentro de las decenas de apartados que integran el total de requisitos. La propuesta de nuevos criterios al amparo de la LOSU ha ocasionado un auténtico cisma en la comunidad académica, pues castiga retroactivamente a quienes habían hecho los méritos conforme al sistema anterior[17].

Otro aspecto preocupante que señala Arias Maldonado es que las comunidades académicas se están debilitando hacia dentro: los pasillos y las zonas comunes amanecen y atardecen despobladas. La presión por rendir hace que los profesores no puedan dar pie a esas conversaciones informales que a veces traen ideas estupendas, a echar una mano a quienes empiezan su carrera académica, o a leer con calma.

Un posible remedio es no acelerarnos. Tomarnos nuestro tiempo. Recuperar el control sobre el ritmo de nuestras acciones. Ver la Universidad como una comunidad y no como una competición. No obstante, para eso debe cambiar la cultura institucional, pues de lo contrario nadie que esté haciendo carrera académica podrá permitirse la veleidad de «ir despacio». Las decenas de tareas perentorias que no pueden dejar de hacerse bajo riesgo de que el sistema colapse implica que cuando se es parte del engranaje el tornillo no pueda aflojarse. Hay que seguir actualizando guías docentes, corrigiendo exámenes,

17 *Vid.* Amoedo-Souto, C. A.; «Del personal docente e investigador funcionario». En Horgué Baena, C.; *La nueva ordenación de las universidades. Estudios sobre la Ley Orgánica 2/2023, del Sistema Universitario*, Iustel, Madrid, 2023, p. 345 y ss; y Aymerich Cano, C.; «Selección y promoción del profesorado de las universidades públicas». En Horgué Baena, C.; *La nueva ordenación de las universidades. Estudios sobre la Ley Orgánica 2/2023, del Sistema Universitario*, Iustel, Madrid, 2023, p. 474 y ss.

subiendo materiales a campus virtual, entregando tus textos académicos en tiempo y forma, rellenando innumerables aplicaciones y currículos...

Al quedar sometidos a una evaluación cuantitativa, el candidato tiene más poder sobre sus propios méritos, porque normalmente a mayor esfuerzo mayor probabilidades de que sea recompensado. Esto es un activo del sistema. Ha roto con el poder feudal de las cátedras —de las cátedras mal entendidas— de antaño. ¿Y qué es una cátedra bien entendida? Pues una donde la escalera por la que subió en su día el catedrático siga en pie para ayudar a otros que quieran subirla, no una que tirar de una patada cuando el catedrático la ha subido. En una palabra: ayudar.

Lo más difícil es rescatar lo mejor del viejo modelo sin incurrir en los vicios corporativos. Esto es, la calidad de la investigación y no tanto su cantidad, pero no estoy muy seguro. Lo que les pasa a las universidades públicas españolas es que sufren de un «burocratismo dirigista que se mira en el espejo del estatalismo clásico». Esto solo contribuye a que se dé un creciente déficit de sensibilidad hacia lo que debería ser la universidad: una institución diferente de colegios e institutos por el hecho de que sus profesores no solo enseñan, sino que contribuyan a la producción del saber que es enseñado. No se trata de formular una queja narcisista ni de reclamar el privilegio de la lentitud, sino de evitar que continúe una alocada carrera hacia ninguna parte, donde nadie disfruta y todos sufren.

3

CONTEXTO POLÍTICO Y ACADÉMICO

La idea de este apartado es tratar ciertas características que operan a modo de *zeitgeist*, pues enseñar Derecho Constitucional no se hace —ni se ha hecho ni se podría hacer nunca— en el vacío. A tales efectos, traeremos aquí ideas que tratan sobre el fenómeno *woke*, la crisis de la democracia liberal, el llamado nuevo conservadurismo y la prevención frente a las teorías cínicas, la ignorancia y las influencias intelectuales, una hoja de ruta para evitar los sermones ideológicos en la universidad que pretenden hacer pasar por ciencia lo que no es sino la lengua de chamanes y chamarileros.

A. El fenómeno *woke*

Sobre el fenómeno *woke* no se han dejado de publicar libros en los últimos tiempos. Alude este vocablo al término «despierto», esto es, ganar y blasonar de conciencia social respecto de las grandes, profundas y lacerantes discriminaciones que existen en nuestras sociedades occidentales, cuya solución pasa por una política de justicia social dura e inflexible. El término viene de Estados Unidos, como tantas otras cosas, y ya se ha hecho un hueco en los debates intelectuales, políticos y académicos del primer cuarto de siglo.

Para explicarlo nos vamos a quedar con un conspicuo representante del sector crítico, el profesor Braunstein[18]. Para el filósofo francés, existe una profunda preocupación en las disciplinas humanísticas, sociales y jurídicas sobre cómo el fenómeno *woke* afecta a nuestros sistemas constitucionales y, por extensión, a nuestras vidas y haciendas. Las credenciales de Braunstein quedaron bien pertrechados cuando examinó en un libro previo (cuyo título es rotundo: «La filosofía se ha vuelto loca»), donde analizaba el pensamiento

18 Braunstein, J. F.; *La religión woke. Anatomía del movimiento irracional e identitario que está poniendo en jaque a Occidente*, La Esfera de los Libros, Madrid, 2024.

de la plana mayor del posmodernismo y cuyo título nos ahorra el expediente de profundizar en él y animar al lector a que se acerque a sus páginas.

El planteamiento del autor es meridiano: blandiendo buenos motivos como la lucha contra la discriminación o la justicia social (sea lo que sea esto) los adalides de esta ideología-religión enarbolan banderas inasumibles. Son personas que dicen que el sexo biológico no existe y que solo existe la capacidad subjetiva de autodeterminarse como se quiera. Son personas que gritan a los cuatro vientos que todos los blancos son racistas y no pueden dejar de serlo (¡!) pero que ninguna persona racializada puede serlo (la invención de palabras es otra de sus señas de identidad). Sostienen sin duda ni agobio que todo conocimiento está localizado y que no existe conocimiento científico objetivo o imparcial, ni siquiera en las disciplinas basadas en el conocimiento objetivo e imparcial (de las matemáticas a las matemáticas socioafectivas). Creen fervientemente que la mujer ha sido, es y será (si no hacemos caso a las recetas *woke*) discriminada por el heteropatriarcado, cancerbero que también subyuga a las «minorías y disidencias sexuales LGTB».

Braunstein llama la atención sobre el hecho de que el objetivo *woke* por excelencia es destruir (ellos dicen deconstruir) el acervo científico, cultural y patrimonial de un Occidente acusado de ser la fábrica de producción y la correa de transmisión del racismo, el sexismo y el colonialismo, entre otras muchas cosas. Lo peor del envite es que Occidente parece paralizado o anestesiado. La razón, el debate y la interacción desde la tolerancia recíproca se abandonan, no existen en la mentalidad *woke*. Lo *woke* es trinchera y poco más, aunque nos digan que es «solo» mera sensibilidad antes las injusticias sociales.

Braunstein se declara confeso apartidario y explica sus razones. Por un lado, porque el extremismo de los planteamientos *woke* casa mal con el debate libre. Se esclerotizan las ideologías en pugna y se apuesta por herramientas que orillan a los contrarios y hacen vencedores a los acólitos. Es en este contexto en el que debemos interpretar la inmensa mayoría de las cancelaciones, boicots, y censuras de nuevo cuño. Por otro lado, aumenta la victimización de quienes pertenecen a estos colectivos vulnerables, con lo que se enquistan las posibles soluciones a sus problemas. Todo problema mal diagnosticado es un problema mal resuelto. Como lo *woke* exige que solo nos fijemos en lo que ellos apuntan, dirá Braunstein, no se resuelven los problemas reales de nadie, porque el paisaje es mucho más complejo y denso que el panorama que pintan aquellos: ven un árbol y pretenden hacernos creer que es el bosque al completo.

El filósofo arguye que de nada vale indignarse. Es necesario intentar comprender los motivos del éxito de esta nueva religión, no ya por desenmascarar a quienes profesan una *folk science* de manual sino por el eco social y político que alcanza en amplias capas de la población (el fenómeno goza de mayor arraigo en latitudes anglosajonas que europeas, la verdad sea dicha).

Sea como fuere, lo *woke* no va a desaparecer de la noche a la mañana, nos dice Jean-François Braunstein. Y lo peor de todo es que probablemente tenga razón. Por eso debemos seguir defendiendo la libertad de expresión y de pensamiento, para poder contrarrestar sus ocurrencias con argumentos.[19]

B. La crisis de la democracia liberal

En los últimos tiempos se habla de la crisis de la democracia liberal. Unos opinan que se ha erosionado el componente liberal, de ahí que acuñen el término «democracia iliberal» para definir aquellos sistemas políticos donde coexiste la elección mediante sufragio de sus dirigentes en un clima de recorte preocupante de libertades, con países como Polonia y Hungría a la cabeza[20]. Otros creen que el componente institucional es el que está más dañado, pues las luchas de poder, sobre todo si se encabezan por el Ejecutivo de turno, son maximalistas: quieren controlar todo. De ahí los embates contra las garantías del Estado de Derecho o la independencia del Poder Judicial. Desgraciadamente, el ejemplo de España es elocuente en este sentido.

En este marco, algunos pensadores han propuesto una serie de cambios que podemos traer aquí, al objeto de que hagan de contraste con las tesis propias y el lector tenga argumentos adicionales con los que reflexionar. Vamos a destacar aquí las tesis del profesor Deneen, un hombre cuyo penúltimo ensayo tuvo un impacto notable por lo frontal y parece que acertado de su tesis de fondo: el liberalismo ha fracasado porque ha triunfado. Cree que ahora estamos encaminándonos a un futuro posliberal, cuya viga maestra es el *conservadurismo del bien común*[21]. O, dicho con otras palabras, la tradición como transmisión del fuego, no como adoración de cenizas.

Patrick Deneen cree que los ciudadanos corrientes buscan un conservadurismo que conserve, centrado en los ideales del autodominio, la disciplina personal y el autogobierno. Los liberales han creído en lo contrario: superar las limitaciones impuestas por el derecho de nacimiento. Lo que antes eran vallas de contención que permitían la convivencia ahora son opresiones por superar o, incluso, destruir. La costumbre resulta despótica para las vidas

---

19 Desde diversas latitudes nos llegan libros que inciden en el particular, mostrando una veta anti-*woke* digna de elogio. Demuestra la relación perversa y contraria que tiene la mentalidad *woke* en el ámbito académico Coignard, S.; *La tiranía de la mediocridad. Por qué debemos salvar el mérito*, Deusto, Barcelona, 2024. A mayores, y sin ánimo de exhaustividad citaremos el del escritor Rubio, E.; *Religión woke: El despertar del supremacismo identitario*, Almuzara, Córdoba, 2023; Mering, N.; *El dogma woke: Una respuesta cristiana ante la ideología de moda*, Rialp, Madrid, 2023.

20 *Vid.* Krzywon, A.; «El iliberalismo constitucional ha llegado para quedarse. Las experiencias centroeuropeas», *Revista de Derecho Político*, n.° 113, 2022, pp. 165-191.

21 *Vid.* Deneen, P. J.; *Cambio de régimen. Hacia un futuro posliberal*, Homo Legens, Madrid, 2023.

de quienes desean experimentar constantemente con la suya propia. No se dan cuenta de que la costumbre es el refugio del que nada tiene, de la gente corriente. Es, al decir de Tocqueville, profundamente democrática. Chesterton lo llamó «la democracia de los muertos». Huelga decir que los liberales emplean la universidad como correa de transmisión, un simulacro donde se espera que los estudiantes se eduquen en unos valores que luego activarán en la sociedad real.

Las tesis del politólogo norteamericano inciden en la necesidad de la élite de destruir y castigar a los *normales*. La comunidad ha colapsado. Los que no van a Harvard, ni a Yale, ni a Princeton padecen muchas más penurias en forma de divorcios, muertes por desesperación, drogadicción y criminalidad. La clase obrera de veras no es *woke*, ni puede serlo, y bien se lo hacen pagar quienes por lo demás alimentan gustos tan refinados entre vinos exquisitos y terapias con champán. Es a los de abajo a quienes debemos el sentido común, la frugalidad, la inventiva y la artesanía, dice Deneen. Esa es la auténtica cultura, la que se transmite de generación en generación. Las élites son tan fungibles que acaban por preguntarse sorprendidas por qué se son tan fácilmente sustituidas por otros humanos o por máquinas. La asimetría de poder es tan palpable que no puede no verse.

Nuestro autor define el *conservadurismo del bien común* como una mezcla de orden económico igualitario y orden familiar comunitario, asociativo, religioso fuerte y estable. Viva el sentido común y la experiencia, esa interacción cotidiana con los objetos y prácticas que rigen el mundo y la vida. Los expertos no saben nada de la experiencia. Ahora se estilan los archipiélagos de conocimientos especializados, sin saber lo que hace el compañero de al lado. ¿Colega, collegium, comunidad? Ni por asomo. ¿Cultivas virtudes sabias más generales? En absoluto. El investigador moderno está totalmente desprovisto de poder combinar su experiencia con la comprensión de los que le rodean. Lo peor, con todo, es que son inasequibles al desaliento. Instituciones como la Universidad también deben cambiar, mutar y permutar constantemente en nombre del progreso. España es un ejemplo magnífico.

Patrick Deneen cree que ciertos ciertas profesiones tenían una responsabilidad «conservadora» mayor. Tocqueville residenciaba esa carga en los abogados, pues eran el vínculo entre los de arriba y los de abajo. El Derecho se estudiaba y aplicaba de tal forma que se fomentaba la mentalidad tradicional, sus hábitos de orden, cierto gusto por las formas, una especie de amor instintivo por la secuencia regular de las ideas, que les hace oponerse con vigor a las aventuras revolucionarias o irreflexivas.

El autor dedica algunas reflexiones a la interseccionalidad, como equiparación de la experiencia de los negros con todos los grupos oprimidos para derrocar a la clase dominante. Pero ya se atisba el tumulto: todos los grupos compiten por ser el dominante dentro de esa interseccionalidad, abrogándose ser «el más oprimido» o «las más víctimas». Su auge ha coincidido con el empeoramiento de las condiciones laborales y vitales de la clase trabajadora blanca en occidente. Estos son «privilegiados» mientras que *los Obamas del mundo* (de buena familia, con dinero y educados en universidades de la Ivy League) son explotados.

Deneen lo tiene claro: los liberales, en lugar de aceptar las cosas tal y como son, están obsesionados con transformarlas hasta hacerlas irreconocibles. Con destruirlas, aunque lo disfracen de «progreso». Recordémoslo otra vez: combatir la ideología del progreso no es oponerse a las reformas y a las mejoras sino al cambio por el cambio. Gracias a libros como el de Deneen, la batalla de las ideas dentro de la guerra cultural ya no se libra por un único oponente.

Esto ha tenido traslación a la democracia española, la cual algunos autores califican de menguante ofreciendo razones y argumentos plausibles (y precisamente por ello, preocupantes)[22]. Los principales problemas que atraviesa la democracia española no solo tienen que ver con el paso del tiempo, extremo al fin y al cabo ineludible porque siempre horada, sino por personas con responsabilidades de gobierno que utilizan tácticas y estrategias que bien podrían conducir a su socavamiento. No en vano, en el último *Democracy Index* de la prestigiosa revista *The Economist*, España ha abandonado el selecto club de *democracias plenas* por haber bajado su puntuación general, bajón debido en gran medida al cuestionamiento de la independencia judicial.

Éramos muchos lo que extrañábamos un análisis en profundidad de las causas y consecuencias de dicho deterioro, que tiene que ver, en esencia, con la pérdida del pensamiento ilustrado. El Colegio Libre de Eméritos, institución formada por catedráticos de universidad de prestigio, aúna desde tiempos inmemoriales diferentes ramas del saber y de la ciencia en aras de ofrecer a la sociedad de la que forma parte una contribución colectiva reflexionada con la atención y dedicación que la empresa merece.

Bajo estas tesis, la situación de deterioro de la democracia española pone en grave riesgo el adecuado funcionamiento de nuestro sistema constitucional, con la consiguiente merma de las libertades y el progreso político, social y económico que desde la transición política y la plena instauración de la democracia habíamos disfrutado durante décadas los españoles. La causa principal del deterioro de nuestro entramado democrático-constitucional reside en la concatenación de tres causas: un defectuoso funcionamiento de los partidos políticos, la deslealtad constitucional de determinadas instituciones, y el abandono de pactos transversales que aglutinen a las principales formaciones partidarias, empresariales y sindicales, «sin los que la democracia no puede sostenerse».

22 *Vid.* ARAGÓN, M.; DE CARRERAS, F.; DÍEZ NICOLÁS, J.; FERNÁNDEZ, T-R.; GARCÍA DELGADO, J. L.; LAMO DE ESPINOSA, E.; MANGAS, A.; SOSA WAGNER, F.; TORTELLA, G.: *España: Democracia menguante* Fundación Colegio Libre de Eméritos, Madrid, 2022.

«El fracaso de la política» constituye una reflexión de largo alcance sobre los motivos de desafección de la ciudadanía, perpleja, trabajadora, agotada y, aun así, esperanzada, respecto de su clase política. Anotando problemas como algunas tendencias perversas del sistema electoral, o la estrategia iniciada por el independentismo catalán de los «cordones sanitarios» dando lugar a gobiernos radicalizados administrando a ciudadanos que no lo están, el problema parece cifrarse en «los políticos». La falta de diálogo entre la derecha y la izquierda como consecuencia de ese radicalismo es «una impostación de los políticos que no existe en los representados».

Otro eje de análisis tiene que ver con la democracia constitucional y el régimen parlamentario y es un auténtico tour de forcé donde se explica con toda claridad —y no menor preocupación— cuáles son las principales disfunciones observadas. Se tiene a la Monarquía parlamentaria por institución fundamental en nuestro sistema político como garante de la unidad y permanencia de la Nación y como parte fundamental del proceso constituyente que alumbró la Constitución de 1978. Hoy en España la discusión ya no es entre derechas e izquierdas o entre progresistas y conservadores: hoy en día estamos ante la situación dilemática de mantener nuestro sistema constitucional democrático o destruirlo.

Un bloque imprescindible es el que relaciona sistema electoral y partidos políticos. Analizado el punto de partida del régimen electoral que preside España desde hace casi cincuenta años, sus elementos estructurales y los rendimientos anotados, se estima que las críticas que suelen hacerse al mismo están más que fundadas y las soluciones propuestas entrarían dentro del marco constitucional sin necesidad ni de forzar ni de reformar la Constitución, especialmente las que buscan mejorar la relación entre el sufragio universal y hacerlo auténticamente igual, así como la que pretende aumentar la decisión del elector respecto de las listas electorales.

Se describe un grave descenso de la confianza de los ciudadanos en la política, que comenzó bajo el Gobierno de José Luis Rodríguez Zapatero y se ha consolidado e intensificado bajo el Gobierno de Pedro Sánchez. El informe de los expertos se hace eco de que más de ocho de cada diez españoles acreditan, sin la menor duda, rechazo a la actual política mientras que manifiestan cierta nostalgia de la *vieja política* de pactos y acuerdos. En el ámbito político se examina la degeneración de la democracia española: una ley electoral de listas cerradas y bloqueadas que conlleva que el líder del partido que gana las elecciones no solamente controle los vericuetos del Poder Ejecutivo, sino también los atinentes al Poder Legislativo. Efectivamente, Montesquieu murió, podríamos recordar, parafraseando a cierto vicepresidente del Gobierno...socialista. La función parlamentaria de control, incluso la propia potestad legislativa parlamentaria, han decaído casi por completo, pues los decretos-leyes suponen ya entre el 70 % y el 80 % de la producción legislativa en España. Una situación que, si se compara con lo que decía la doctrina constitucionalista en las primeras décadas post-Transición, no cabe sino tildar de escandalosa.

Motivo aparte merece la independencia judicial, el ministerio fiscal y los jueces constitucionales. La justicia, su independencia, las dilaciones judiciales que rozan lo indebido, el más que cuestionable rol que ha representado en ocasiones el Ministerio Fiscal, así como el *cambio de cromos* que los principales partidos políticos protagonizan al seleccionar los ocho magistrados que corresponden al Parlamento para el Tribunal Constitucional, se entremezcla con el análisis de las propuestas tan razonables como concretas para mejorar su funcionamiento. Se constata la grave circunstancia de que, en parte del territorio español, ciertos poderes autonómicos desobedecen de manera expresa y reiterada la Constitución, así como las leyes y las sentencias del resto de tribunales, sin que el poder central lo remedie utilizando las competencias que tiene para asegurar la vigencia del Estado Derecho.

Siguiendo el consabido orden, también se analiza las cuestiones relativas al Gobierno y a la Administración Pública. Una vez se ha reseñado el diseño constitucional de nuestro Poder Ejecutivo, se pasa a listar una serie de condicionantes que no ayudan a las tareas de gobernanza. El aumento exponencial de las llamadas agencias administrativas independientes «desconstitucionalizan» parte de las funciones clásicas del Gobierno. El Gobierno no tiene empacho en suplantar al Parlamento y en instrumentalizar al Poder Judicial. Por ejemplo, el espeluznante Plan de Resiliencia y Transformación Digital, adoptado de espaldas a la sociedad, sobre todo teniendo en cuenta que será el mapa a trazar en los años venideros para superar los peores efectos de una pandemia que todavía se deja sentir en el latido de nuestra sociedad. Además, el Gobierno como órgano deja de tener relevancia propia absorbido por la persona de quien lo preside, más como un presidente de la nación que como mero presidente del poder ejecutivo. De este modo, se desvirtúa nuestro parlamentarismo institucional, mientras que, en paralelo, Su Majestad El Rey observa cómo se difuminan sus atribuciones.

No puede faltar alguna consideración sobre el Estado Autonómico, donde se repasa y examina críticamente la cuestión en toda su extensión: de dónde venimos, dónde estamos, qué podemos hacer, así como las cuestiones más relevantes que suelen argüirse en estos debates; desde la reforma constitucional y el federalismo hasta la eventual secesión territorial, pasando por el nacionalismo y la representación territorial. La principal conclusión es que la quizá necesaria reforma constitucional queda supeditada a lo que los dos grandes partidos decidan hacer al respecto.

Tampoco cabe eludir los asuntos relativos a la política exterior y europea de España. De las primeras cuestiones que hacen notar los autores es que no cabe disociar las cuitas políticas internas de las externas. La cuestión internacional y la posición de España en la escena europea e internacional acredita una creciente debilidad y una alarmante pérdida de reputación. Dicho con otras palabras: cada vez somos más vulnerables y menos influyentes. El creciente presidencialismo, la ruptura de la unidad de representación exterior o las facilidades que suele otorgarse el poder a sí mismo (sobre todo, el Ejecutivo) no auguran nada bueno al prestigio internacional de nuestro país.

Conviene tratar también, siquiera someramente, los problemas de la economía, donde se constatan hechos negativos por doquier (contra el esperable optimismo del Gobierno socialista actual) una clara tendencia decreciente de nuestro PIB desde 2007, un gran desempleo —el doble que en el ámbito UE— que aumenta con el PSOE en el poder y disminuye con los gobiernos del PP, un mercado laboral —herencia del franquismo— rígido y dual con sindicatos que no representan a los trabajadores sino a los gobiernos socialistas de turno y los trabajadores de las grandes empresas estatales.

La libertad de mercado, su segmentación, la innovación tecnológica y la competitividad, ignoradas por los sucesivos ejecutivos, se reivindican como ejes de nuestra prosperidad. La política energética debería revisarse por completo, comenzando por la derogación de la Ley de Cambio Climático y Transición Energética de 2021. En materia fiscal se señala la alarmante deuda pública, que aumenta en grandes proporciones con los gobiernos socialistas. Se plantea la necesidad de gobiernos austeros que respeten al contribuyente con servicios sociales de calidad a un precio impositivo módico y, en todo caso, adecuado.

El gran tema educativo recibe la atención que merece, aportando un argumento ignorado en España y eje vertebral de los mejores países en la materia: su calidad depende de la calidad de los maestros, cuya selección y formación debe estar orientada a atraer a los mejores candidatos. La formación profesional dual, los préstamos estatales garantizados a los estudiantes y una seria atención a la investigación científica son posibles soluciones barajadas por los autores. Nada «revolucionario», como se verá, y sí en la mejor tradición de los países más serios y rigurosos, faros que guían.

En suma, España tiene como país capacidad para enfrentarse a sus propios problemas, pero no puede dilatar las decisiones a tomar, especialmente en estos tiempos de gobiernos de miras tan cortoplacistas. No tenemos un Estado fallido, pero sí sumamente debilitado. Está en manos de los políticos y de los ciudadanos alertar y difundir la necesidad de la reforma. Es ahora cuando debemos tener altura de miras, capacidad de decisión, motivación y determinación. Nos debemos una capacidad de reacción que, de momento, brilla por su ausencia. O vigilamos y denunciamos y hacemos, en consecuencia, o toleraremos que el barco se vaya a pique con obsecuencia. Tenemos que frenar el deterioro que está sufriendo nuestra democracia constitucional, para que dejemos de ser una democracia menguante y volvamos a ser lo que fuimos desde 1978: una democracia creciente y próspera. Esa es la principal tesis de nuestros autores.

C. El nuevo conservadurismo

Abundando en las tesis de Deneen, tenemos algunos mimbres adicionales que quieren sumarse a una especie de nueva ola conservadora. ¿Cuáles serían tales aspectos?

Un alegato a favor de la belleza perdida. Alimentar el espíritu en tiempos de relativismo, *transtodo* y muñecas feministas hiperventiladas. Protección a la familia, institución basilar que, bien lo sabemos y más lo agradecemos, ha sobrevivido a revoluciones, dictaduras, crisis de todo pelaje e ideologías desenfrenadas. Una libertad interpretada *a la Scruton*: la libertad sería un gran caballo si uno sabe a dónde va. Es, en suma, el conservadurismo no tanto como ideología sino en tanto espíritu que prefiere la vida a los discursos.

¿Qué podemos aprender de estas tesis? ¿Qué nos ayudan a recordar (que es, como se sabe, aprender dos veces)?

La importancia de vivir en lo local, con menos ideología y más vecindad. El reconocimiento de la belleza objetiva, tan lejos de la falacia «socialmente construida». Defender el bien y la verdad. Recordar que todo gusto es respetable pero no todos valen lo mismo y que existen características universales que resplandecen: armonía, simetría, proporción, equilibrio. La defensa del gran arte, por ser inspirador y elevarnos hacia algo superior. Lo dijo el maestro Scruton: la belleza nunca evoca indiferencia. Leer a los clásicos es entender el mundo.

No es sentirnos bien sino querer ser mejores. No es acogerse a lo antiguo sino a lo permanente. Es Russell Kirk diciendo que no se hizo conservador, sino que un buen día comprendió que lo era. Es recordar las verdades biológicas más elementales. Es defender una moral relacionada con la dignidad humana. Es luchar contra élites desarraigadas y esnobs que causan tanto daño y dolor porque anhelan lo que destruyen por no poder tenerlo: estabilidad, familia, orden, casa común.

La libertad como medio, no como fin, sabiendo dónde se va. La libertad, como dice Savater, de interpretar creativamente la ley. Alzar la voz contra el feminismo que fabrica artificialmente igualdad mientras ignora que el deseo es atracción por lo diferente. Evitar que haya gente inteligente trabajando en ideas desquiciadas. Insistir en que sin leyes no hay libertad y que sin autoridad se impone la ley del más fuerte.

El conservador lucha incansablemente contra la degradación. Asumir, agradecido y asombrado, que todo lo hicieron otros antes que nosotros. Grabarse a fuego que si arreglas del todo una cosa la estropeas. Escuchar a tu corazón decirte que todos somos conservadores en aquello que amamos. Conservar es la base, los muros de carga de la casa, también de quienes pretenden construirlas en el aire. Conservar es sostener toda causa noble a la que uno se sienta llamado.

Conservar, sí, en el marco de una situación en Occidente cada vez más preocupante, en el sentido de que se aprecian factores de declive que conducen a la preocupación. Las palabras son confusas en el Occidente actual, tal vez porque el mundo ha olvidado la profundidad de pensamiento y tiende a utilizarlas sin conocer su significado. Sin embargo, la cultura occidental, o mejor dicho europea, encontró su fundamento en la expansión de Europa al mundo, que a partir del siglo XV estableció una cultura cristiana prevalente en América, Asia, África y Oceanía, ligando inextricablemente la tradición cristiana y el pensamiento occidental.

El siglo XX marcó el inicio de la hegemonía estadounidense en el mundo. El gobierno económico, político y militar que prevaleció en muchos lugares —especialmente en Europa— empezaba a ser muy diferente del cristianismo. Esa forma de autoritarismo del Nuevo Orden Mundial se extiende por todo Occidente debido a las fuerzas económicas y tecnológicas globales. Sin embargo, la civilización milenaria que está detrás de China implica que, silenciosamente y sin demora, el tigre asiático emerja como un enemigo que nadie esperaba, al que se unieron muchos países no alineados, probablemente subestimados por el dominio estadounidense.

En estas circunstancias, Occidente languidece, sin valores compatibles con la cultura judeocristiana que lo sustenta. El tono pesimista crece hasta el punto de que Deneen cree que las cenizas del imperio occidental serán recogidas por sus rivales y veremos el ascenso del Islam, de la cultura hindú y, por supuesto, del mundo oriental del que China es conspicuo representante. Un destino que nos preocupa e interpela a todos.[23]

Una de las características del nuevo conservadurismo la explica a la perfección Pete Davies y es la idea del compromiso. Pete Davis es un activista norteamericano que trabaja en proyectos destinados a mejorar la democracia y la solidaridad. Su discurso de graduación en la Facultad de Derecho de Harvard, titulado «Una contracultura del compromiso», fue visto por millones de personas. Tal fue su éxito que una potente editorial estadounidense le propuso desarrollarlo por escrito, lo cual constituye, en versión traducida, las tesis de un libro ineluctable.[24]

Este autor es de la opinión de que solo mediante el compromiso podremos combatir la actual cultura, basada en la constante superficialidad y en la indecisión aparejada a la misma. Una voluntad de hacer vida con las personas, en torno a comprometernos con una causa concreta, con dedicación, con solidez y robustez. No mediante aplicaciones informáticas, que nos dejan exhaustos ante esa navegación infinita que solo nutre al algoritmo y vacía en la misma medida nuestro espíritu.

Davis concreta ese compromiso decidido y cívico como fuerza poderosa con la que combatir la agitación inquieta. Somos legión los que hemos tenido la experiencia de navegar por Internet sin ver finalmente nada, de que hemos perdido el tiempo entre una avalancha de opciones en redes sociales, hasta quedar ahítos, sin nada de provecho que sacar. No podemos mantener abier-

23 Sobre este particular, véase Olier, E.; *La debacle de occidente. Las guerras del siglo XXI*, Almuzara, Córdoba, 2023.

24 *Vid.* Davis, P.; *Compromiso. Una contracultura en la época de la navegación infinita*, Rialp, Madrid, 2023.

tas todas las opciones, sostiene Davis, pues eso conlleva que nos quedemos estancados en un bucle sin fin, saltando de un lugar a otro en busca de la luz que más brilla y negándonos a cerrar las opciones en beneficio de una sola. La cultura de la inquietud y la indecisión origina tensión y parálisis, y se combate mediante el compromiso.

D. La prevención frente a las teorías cínicas

Tal y como esperamos haber demostrado en líneas anteriores, lo *woke* es una destrucción de la calidad académica y sus adláteres: rigor, seriedad, estudio, nada de propaganda. Dicho en otros términos, el activismo nunca engrandeció la institución universitaria, antes al contrario, la degrada, la embrutece, la esteriliza. En lugar de buscar el anhelo de ser ciencia, se rebaja al sustrato de lo ideológico. Así es como el *wokismo* gana cuotas de poder y relevancia en los contextos anglosajones, pues supedita la consecución de objetivos políticos y sociales de transformación y justicia social a elaborar trabajos científicos de fondo.[25]

En este contexto es ineludible citar una de las obras más importantes que se han escrito en los últimos tiempos, pues desenmascara las tesis posmodernas tan en boga hoy día.[26] Sus autores, intelectuales con todas las letras, decidieron mostrar las miserias que campan a sus anchas dentro del pensamiento posmoderno, especialmente en el ámbito de ciertas revistas científicas. El subtítulo que tiene su libro es elocuente y apunta a un fenómeno que no por conocido es menos insidioso: trufar de ideología y prejuicios el campo científico, intentando hacer pasar por ciencia lo que no son sino principios políticos, en el mejor de los casos.

El lector ya habrá adivinado que estamos ante una especie de segunda parte del «Escándalo Sokal», hecho que tuvo lugar en 1996 cuando Alain Sokal, físico y profesor en la Universidad de Nueva York, mandó un artículo a una de las principales revistas posmodernas *(Social Text)* repleto de afirmaciones absurdas sin sentido pero rico en jerga posmoderna inextricable. El artículo fue aceptado y publicado, lo que demostraba tanto la nula credibilidad de las teorías posmodernas como que la intuición de Sokal era acertada.

Pluckrose y Lindsay argumentan que ciertas teorías académicas, fundamentadas en el posmodernismo y la autodenominada justicia social, están subvirtiendo el conocimiento en campos como la sociología o la filosofía, por citar dos, dando paso a los estudios de género y a los estudios culturales, ámbitos centrados en la política identitaria, en la idea de que la sociedad

---

25 *Vid.* Coignard, S.; *La tiranía...*, cit, p. 137 y ss.

26 Pluckrose, H.; y Lindsay, J.; *Teorías cínicas. Cómo el activismo académico hizo que todo girara en torno a la raza, el género y la identidad y por qué esto nos perjudica a todos*, Alianza editorial, Madrid, 2023.

está estructurada por dinámicas de poder basadas en la raza, el género o la sexualidad que conforman, como dicen los Pluckrose y Lindsay, «La Teoría Posmoderna».

Los autores expresan preocupación acerca de las consecuencias de estas teorías, sugiriendo que pueden contribuir a una cultura de la censura, de las cancelaciones, de los linchamientos y de una ingente intolerancia hacia las opiniones disidentes. El diálogo deviene imposible y la creciente división y polarización sociales solo ahondaría en el fenómeno. ¿La alternativa que proponen? Un liberalismo sin identitarismo, donde el debate racional entre premisas razonables se abra paso. Lo que se ha llamado «Ciencia» desde el paradigma racionalista.

Estas tesis han sido apoyadas y negadas a partes iguales en el mundo anglosajón, cosechando tantos elogios como críticas. Los elogios arguyen que la ciencia verdadera es lo opuesto a cualquier traza posmoderna. Para este sector, existe el mundo objetivo aprehensible por el ser humano mediante las técnicas y herramientas científicas. Para el sector crítico, los autores simplifican y tergiversan las ideas posmodernas, demostrando así que la sentencia condenatoria contra el posmodernismo estaba dictada de antemano siendo el libro fiel reflejo de ello. Que sea el lector quien juzgue.

E. La ignorancia como estado natural

Uno de los grandes tabúes académicos es la ignorancia. Se supone que los profesores de universidad son auténticos expertos en su materia, sabios atemporales que cultivan con esmero hasta el más pequeño de los detalles de sus disciplinas. Sucede que hasta el más sabio de entre los sabios suele decir que nada sabe. Y tiene sentido: cuanto más se profundiza en una ciencia, más consciente se es de lo que no se puede abarcar, de lo que siempre e inevitablemente quedará fuera del alcance. Otra de esas paradojas de la vida.

Dicho eso, convendría distinguir dos aspectos. El primero es la agnotología, esto es, el estudio científico de la ignorancia.[27] El segundo es la ignorancia propiamente dicha en tanto que desconocimiento de las cosas.[28]

La agnotología se basa en descubrir lo que no sabemos. Según Robert Proctor, los filósofos se centran demasiado en el conocimiento y demasiado poco en la ignorancia, «que es mucho más común, más retorcida y peligrosa». Proctor lleva lustros estudiando «las causas de las causas». Es decir: sabemos que los cigarrillos causan cáncer, pero ¿qué causa los cigarrillos?

27 *Vid.* PROCTOR, R. N.; Y SCHIEBIENGER, L. (eds); *Agnotología. La producción de la ignorancia*, Prensas de la Universidad de Zaragoza, Zaragoza, 2022.

28 *Vid.* BURKE, P.; *Ignorancia. Una historia global*, Alianza Editorial, Madrid, 2023.

Con mucha frecuencia hacemos del conocimiento nuestro fetiche, sin pararnos a pensar lo mucho que ignoramos sobre la ignorancia.

Proctor cree que es notable lo poco que sabemos sobre la ignorancia, cosa que por lo demás ni es mero vacío ni es mala siempre. Hay una ignorancia virtuosa, en forma de resistencia o de poner límites al conocimiento peligroso. De hecho, existen los intelectuales creativos expertos en ignorancia, pues saben dónde encontrarla y cómo hacerla desaparecer. Los ejemplos que pone sobre la industria tabacalera son elocuentes.

Proctor diferencia tres tipos de ignorancia: pasiva, estratégica y virtuosa.

El primer tipo sería la ignorancia pasiva (como algo perdido o como decisión activa), que se fomenta aquí y se desincentiva allá. Enfocar la vista en A implica no enfocarla en B. Una forma de ver es una forma de no ver. La ciencia es como cortar el césped: elige cualquier trozo para empezar pues al final todo el césped se parecerá bastante. Esto es muy jugoso para el poderoso, porque una vez perdido o destruido algo (un libro, una cultura, una especia), no vuelve a la vida.

Luego tenemos la ignorancia estratégica (como constructo activo). La ignorancia en este modelo es algo que se fabrica, se mantiene y se manipula por medio de diversas técnicas. La ignorancia no es una laguna sino un activo. Los secretos son tan antiguos como el pensamiento humano. Pensemos en la revisión por pares en el ámbito académico, método tan empleado en el siglo XXI. El coste personal es obvio, pues no se sabe quién está diciendo lo que está diciendo. O el secreto científico, pues la mayor parte de la ciencia empieza como algo gremial que respeta los secretos y arcanos del oficio. Las ideas, en fin, solo se suelen compartir en espacios sociales restringidos.

En este esquema, el conocimiento no es solo poder sino peligro; la amnesia institucional puede ser tan valorada como la memoria institucional. Vuelve a poner el ejemplo de la industria del tabaco, ejemplo de ignorancia manufacturada por intereses crematísticos. Fingía su propia ignorancia, afirmaba que «no había pruebas» de que fumar provocase cáncer, y hacía todo lo posible por fabricar ignorancia por parte del público fumador. Son formas de ignorancia estudiada, normalmente fundamentadas en el antiguo mecanismo de introducir «arena en el engranaje». Otro aspecto donde Proctor ve esta faceta de la ignorancia es el secreto militar, cuyo análisis conduce a la conclusión de que buscar el rigor es una mera estrategia para retrasar la acción. La precisión esconde una prevaricación.

Finalmente, se eleva la ignorancia virtuosa, es decir, el no saber como cautela moral. Por ejemplo, la llamada «ética de la investigación» no es sino decir que en determinadas cosas preferimos ser ignorantes, por lo que pueda pasar. No merece la pena saberlo todo a cualquier precio. Cuando todas las cadenas de EEUU informaban día y noche de cómo se podría bombardear por el enemigo esta o aquella zona del país no ofrecieron preocupación sino inseguridad.

Wes Jackson decía que la Universidad moderna es un motor de distracción. Entonces, ¿hace falta encerrar en la torre de marfil a ciertos tipos de producción de conocimiento? ¿No será que en realidad lo que salga de algunos departamentos universitarios es mera tinta de calamar? Si lo que no sabes no puede hacerte daño, a veces es más seguro no saberlo.

F. Influencias intelectuales

Quien esto escribe no quiere hurtar al lector las principales influencias intelectuales que ha tenido cuando ha escrito estas páginas. En sentido estricto, todo lo que uno lee le influye, para bien o para mal. Aquí pretendo referirme a aquellas personas a las que busco leer o escuchar casi todos los días de mi actual vida. Esas influencias intelectuales son tres personas. Miguel Anxo Bastos, profesor titular de ciencia política en la Universidad de Santiago de Compostela. Jesús G. Maestro, catedrático de teoría de la literatura y literatura comparada en la Universidad de Vigo. Y Alberto Olmos, escritor.

Comencemos por el politólogo gallego. Es un hombre de mediana edad con una auténtica vocación intelectual. Lector voraz y pensador reflexivo, su marco ideológico se sitúa en el anarcocapitalismo, esto es, una anarquía ordenada de forma espontánea por las personas libres que viven en comunidad. Anarquía entendida como la completa independencia de criterio de quienes la componen, sin que exista un centro que pueda obligar a lo contrario. Un antiestatista declarado y un defensor del libre mercado y el capitalismo, las dos herramientas que han permitido a millones de occidentales salir de la miseria y de la pobreza.

Bastos insiste en que lo importante en Ciencias Sociales es la calidad del argumento, no quién lo diga o cómo lo diga. Por eso defiende la discusión *ad rem* (sobre las cosas) y nunca *ad hominem* (sobre las personas). Atacar el argumento, no al ser humano. También insiste en la preferencia revelada: en Economía lo importante —creo que, en cualquier orden de la vida, en realidad— es lo que hace la gente, no lo que dice (ni tampoco lo que dice que hace pero no hace). Las personas decían que gustaban mucho de leer la Biblia y no beber alcohol, pero los bares estaban abiertos mucho más tiempo que las librerías o bibliotecas.

Respecto a la cacareada transición energética, Bastos cree que de momento es imposible. Y esto lo dice atendiendo a los defensores de estas tesis, pues manifiestan contradicciones y descoordinaciones insalvables. No tenemos los medios para hacerlo. No tenemos el dinero para sufragarlo. Queremos coche eléctrico, pero no gozamos de la industria para generarlo. Este tipo de vehículo viene de EEUU, y allí ya se ha demostrado capaz de destruir empleos y ciudades enteras. Por no mencionar que el coste de producir el coche eléctrico es más contaminante que uno «normal».

También aprendo de mi admirado Bastos que poner un plazo es lo peor que puede hacerse en políticas públicas, pues te ata y te presiona de forma extenuante. También aprendo que los bienes se abaratan con el tiempo siempre y cuando tengan un mercado, tanto mejor si es un mercado mundial. Si sólo tengo yo el bien. Otra idea a considerar es que los conceptos de ciencias naturales no pueden extrapolarse a las ciencias sociales. Por eso tenemos los problemas que tenemos con la igualdad, por ejemplo, por ser un concepto puramente matemático.

Bastos recuerda la importancia de tener las cosas claras. La idea del consenso, sin ir más lejos, es una idea política y por ende discutible. Consenso es todos, pero el 99 % no es consenso, es una mayoría (muy mayoritaria, pero mayoría al fin y al cabo). El principal problema del consenso es que todas las unidades tienen capacidad de vetar la eventual decisión y bloquearla.

Otra idea clarividente: estamos acostumbrados a creer, o a que nos digan, que la ciencia es democrática (ejemplo: las comisiones de investigación parlamentarias) pero nada más lejos de la verdad. La democracia no vale para decidir qué es verdadero y qué es falso. La ciencia es la calidad del argumento. El consenso tampoco garantiza la verdad. Por no mencionar la tendencia a la hipóstasis: aplicar conceptos teológicos a la política, haciendo pasar lo abstracto o irreal por real.

En la discusión cotidiana no prestamos mucha atención al concepto de «experto» pero si lo hiciéramos nos daríamos cuenta de que es sumamente ambiguo. Experto, ¿en qué? ¿Desde cuándo? ¿Quién lo determina? ¿Qué expertos? ¿Con qué filiación política? ¿Quiénes son los mejores, peores o simplemente buenos? Unos eligen a sus expertos y los otros hacen lo propio con los suyos.

Lo de ser un vendido o estar a sueldo del partido político de turno no resiste el examen. Lo importante es la calidad del argumento. Todos somos unos vendidos de una forma u otra, por lo que decir que este experto está a sueldo de VOX, pongamos por caso, es no decir nada. Puede cobrar y decir la verdad y puede no cobrar y decir la verdad. Al igual que puede mentir sin cobrar. Es sabido que es peligroso tener razón cuando el Gobierno está equivocado (Voltaire), al igual que hay que pensar como la minoría y hablar como la mayoría (Schopenhauer).

En no pocas cuestiones se deja sentir la envidia igualitaria, en expresión insuperable que dio título a la conocida monografía de Gonzalo Fernández de la Mora. En realidad, si nos fijamos bien, las diferencias son de grado no de esencia. Un seiscientos y un Mercedes son ambos coches. Pero buscamos el estatus y la distinción. Marx admiraba el capitalismo, pero creía que un paso lo tiraba todo por la borda: la explotación del obrero. La plusvalía pasaba a manos del empresario. Por eso creía que había que destruirlo. Bastos cree que esto es falso y que por eso el marxismo se hunde cual gigante con pies de barro.

Quien tiene éxito en un mercado suele ser quien sabe anticipar las demandas de los consumidores, lo que roza lo artístico. No el más grande o el más fuerte. Lo que dice a sus alumnos es de genio total: «cuando venís a clase, venís a especular porque adquirís conocimiento barato para después venderlo caro». Podemos fallar o acertar en nuestras decisiones, pero eso hacemos, cometer o evitar «errores empresariales».

El dinero sirve a día de hoy para comprar, más que bienes físicos, bienes psíquicos. Para reconfortar nuestra psique: vestir ropa bonita, ir a conciertos, viajar, tener una casa preciosa en un barrio estupendo, etc. Va más allá del mero bienestar material, son signos de estatus, distinguidos. El capitalismo es una tecnología aprendida. Un proceso, igual que el leer y escribir. Se aprenden, no son innatos al ser humano (hablar sí lo es, por ejemplo). Aunque vivimos capitalismos fuertemente intervenidos por lo público.

Otro tema que trata nuestro querido profesor Bastos es la estructura ideológica por defecto, incluso en personas de derechas: la de izquierdas. Nadie discute de verdad la sanidad pública, que se deba prestar el servicio sanitario por lo público. Nadie discute en público la justicia social. Todos asentimos —pensemos de verdad lo que pensemos— cuando se trata de la redistribución de las rentas. El marco mental es siempre el mismo. Como Bastos dice: de los diez puntos que tiene el *Manifiesto Comunista* ya se han cumplido ocho y los otros dos están a medio camino.

Bastos explica las cosas con píldoras de pensamiento: son más temibles las regulaciones que los impuestos, porque te paraliza todo. Por ejemplo, los horarios obligatorios... ¿Pero por qué obligan a cerrar un domingo o a abrir hasta las 20h?. El capitalismo es paciencia y por eso debe darse la batalla cultural. Paciencia, sacrificio y comunicar ideas.

Como por ejemplo esta: la educación institucionalizada solo prima una habilidad y desecha el resto. Se potencia lo intelectual del que ya es intelectualmente potente. *Casualmente*, esa es la característica que tienen los intelectuales que promueven tales reformas educativas. Por lo demás, un ejemplo claro de cinismo: no se redistribuye todo, claro, se redistribuye solo lo que dicen quienes están en lo alto de esa pirámide. Al niño capaz le damos más margen para que sea más capaz y lo mandamos a Harvard. Al niño incapaz le aprobamos raspado y le decimos, con palabras más o menos amables, que hasta ahí ha llegado. No le mandan nunca a Harvard. ¿Qué clase de redistribución es esa? Esa en la que a quien tiene más, más se le da y a quien tiene menos, menos se la da. ¿Por qué se cumple, una vez más, la famosa parábola de los talentos de la Biblia?

Bastos relata que ha visto a pobres pidiendo con TPV. Que la inflación es una ametralladora contra el capital. Y que España es de los países más socialistas e izquierdistas que hay en el mundo. Como dijo Ortega: *somos un país al que le falta pan y quema las panaderías*. Vamos contra las grandes distribuidoras cuando gracias a ellas se abaratan los precios. Es más, existe cierta armonía entre el pequeño comercio y las grandes superficies pues no hay más que ver la cantidad de tiendas pequeñas que hay alrededor de El Corte Inglés, por ejemplo. No mueren, sobreviven; y lo hacen en parte gracias al efecto llamada del segundo. Amazon hizo daño de verdad a empresas como Worten o Mediamarkt, no al pequeño comercio, porque ofrecen productos y servicios similares.

No hay más que ver las panaderías a día de hoy. Antes había un tipo y formato único de pan (la pistola y pare usted de contar). Hoy hay infinidad de panes, masas, levaduras, sabores y aromas. Eso es una auténtica maravilla. Uno de los grandes problemas del socialismo es que no había nada pequeño. Todo era empresa pública gigante. No había un «Taller Manolo». Había que crear un taller en cada empresa cuando algo no funcionaba, lo cual era absolutamente ineficiente.

Otro efecto que anota Bastos es que las empresas de hoy en día las dirigen personas que llegan, hacen su trabajo, y se van a otra. Hay pocos empresarios de los de antes, que dirijan el negocio que un día crearon. Los llamados directivos, *CEOs*, fríos, sin emociones, esas máquinas de gestionar (esto lo dice el autor de estas páginas, no Bastos). Al final, siempre despunta la misma pregunta: ¿y quién le da trabajo al obrero? El que hace, no el que habla.

Sobre la educación, Bastos vuelve a la carga con la fuerza de un tornado. Tiene la sensación de que en la Universidad da un poco igual quién te dé clase, todos somos muy parecidos, pues nos ve a los docentes como piezas fungibles de un mismo engranaje. Que los alumnos de hoy son mejores personas que los alumnos de ayer y, también, menos curiosos, intelectualmente hablando.

No hay que olvidar que la educación o instrucción pública tuvo mucho que ver con el proyecto político de centralización del Estado. El gusto y regusto por la ley positiva hizo que todo se intentase plasmar en normas escritas, independientemente de que estas fueran o no eficaces, reiterativas, muy generales o directamente malas. De hecho, hay un dato muy curioso: cómo cambian los libros de texto en España, sobre todo de Historia, cuando van cambiando los Gobiernos nacionales.

Bastos es de los que piensa que hay muchas formas de educarse más allá de los programas oficiales, siempre que no te importe la *titulitis*. Hay una frase que gusta recordar nuestro politólogo favorito: la verdad se impone sola, no hace falta imponerla. En cambio, es la mentira la que debe ser constantemente publicitada e impuesta desde arriba. De ahí tanta bulla cotidiana con el feminismo, el cambio climático, el veganismo, el coche eléctrico, etc, etc, etc.

Si uno se fija ya en los primeros tramos educativos asume que muchas asignaturas tienen un carácter profundamente estatista, para que todo el mundo piense igual: todo el mundo lee lo mismo, ergo todos pensaremos y diremos lo mismo. Historia, Geografía, Literatura...Toca no desesperar: quien tiene una vocación, cuando alguien vale para algo, no lo puede esconder ni disimular por más que quiera.

Bastos afina su pensamiento cuando resuelve el misterioso expediente marxista. Cree que el grueso del discurso marxista se compra por todos, incluso por muchos empresarios. Al marxismo nunca se le hizo una crítica sistemática, punto por punto. El talón de Aquiles de esta doctrina resulta claro para el profesor: no hay robo alguno, ergo no hay explotación. Da igual, porque seguimos copiando los conceptos marxistas como la «estructura de clase». Igual que nadie discute la educación pública obligatoria, el IRPF, o el BCE. Estas ideas, en su día, fueron revolucionarias, ya estaban en el *Manifiesto Comunista* y hoy se asumen como si nada.

Bastos cree que Marx critica mucho al capitalismo, pero nunca dice cómo debiera ser el socialismo del futuro que ganaría a dicho capitalismo. El socialismo se implementa sin modelo a seguir porque, sencillamente, no lo tiene. Como dijo *El Che*, sin saber que reconocía la superioridad de su archienemigo: por fin se instauró el socialismo en un país desarrollado (la Cuba de Batista).

Una de las cosas más peculiares que se observa en este tipo de cuitas es que todos los teóricos marxistas no vienen de países donde hubo marxismo sino de las principales economías capitalistas, de gran capitalismo de hecho, como EEUU, Reino Unido, Francia o Alemania. Por no mencionar que el propio Marx siempre escogía los peores datos de todos los disponibles para «demostrar» sus tesis.

La prosperidad que trae el mercado es palpable. Hace cuarenta años en España no poca gente pasaba hambre física, la de verdad. Hoy la gente no la pasa, ni siquiera los que lo tienen peor. Como dijo Schumpeter: el obrero de hoy vive mejor que el faraón. Y tiene toda la razón. La única igualdad que aprecian varios pensadores es la que proviene de una serie de hechos históricos que conviene evitar y de los que huimos: pestes, pandemias, holocaustos, guerras y un sinfín de etcéteras. Ahí sí hay igualdad. Bien lo sabemos.

Nunca creció España tanto como cuando perdió Cuba. Bueno sí, cuando perdió todas las colonias, que no dejó de crecer en cuarenta años. Porque costaba mucho más mantenerlas que los beneficios que daban. Bastos se congratula de ver a la gente normal vivir bien. No puedo estar más de acuerdo con él. Esa es la idea. Ese debe ser el lema.

Schumpeter lo dijo de nuevo: no existe ningún bien o servicio que preste el Estado que no haya sido prestado alguna vez por lo privado. Debemos explorar eso. Tenemos que hacer arqueología y descubrir cómo lo hicieron otros antes de nosotros, para ver si se podría hacer de otra manera hoy en día. La economía de mercado es eso que ha permitido a la gente corriente vivir bien. Eso es el capitalismo, tan denostado por cuatro indocumentados.

Dice el bueno de Miguel Anxo que el trabajo intelectual es algo paciente y de largo alcance. No a las armas y sí a las plumas. Pero para que la pluma corra con soltura debemos estudiar. Hay que dar la batalla de las ideas, difundir los pensamientos, que la gente sepa cuáles son esos valores y darles tiempo y espacio para asumirlos y luego defenderlos, si hay suerte.

Bastos lucha por las ideas y lo hace muy bien. Recuerda que los intelectuales de izquierda nunca quieren redistribuir cosas como la capacidad intelectual. Que se redistribuya el dinero, porque al fin y al cabo ellos no atisban ni cómo se genera. Que se redistribuya la carga fiscal, pues ellos ya buscarán la vía para que la mano izquierda no sepa lo que hace la derecha. Que se redistribuya todo menos justamente aquello que me ha permitido construirme una vida, a resguardo en mi castillo, donde me enroco cada vez que vienen mal dadas y constato que la aplicación de mis ideas solo ha servido para destrozar cosas que funcionaban.

Alguna vez todos nos hemos preguntado por qué se arruinan quienes ganan un premio millonario en la Lotería o quienes han ganado miles de millones con su trabajo (artistas, deportistas, etc: nunca empresarios o casi nunca). Bastos da la razón: tienen dinero, sí, pero no cultura del dinero. No son capitalistas, por eso se van a pique. Gastan sin ton ni son, en lugar de ahorrar e invertir con cabeza. Hay que compartir esas convicciones en torno a la cultura del capitalismo, no tanto las acciones. La idea de fondo siempre es la importante. Cómo se ejecute dicha idea en la práctica puede variar.

Otro problema que suele tratar Bastos es el de la burocracia. Dice que esta siempre se parece al jefe, sea quien sea el jefe. La burocracia es ciega, funciona sin ver y sin siquiera mirar. Es un rompehielos que puede destruir lo que encuentre a su paso. Pero defiende una idea que puede sonar extraña: que haya muchas burocracias, en el sentido de muchas cabezas. De esa manera es muy complicado que fuerzas externas penetren y conquisten con facilidad. Los mongoles descabezaron Asia y Persia porque les bastó cortar una cabeza, pero no pudieron hacer lo mismo con la fragmentación europea porque no estaban acostumbrados a luchar contra varios ejércitos pequeños, cada uno con su castillo, su feudo y su reino.

Al ser preguntado por el tema de las armas en EEUU, Bastos ofrece una respuesta en clave libertaria. La lógica de la II Enmienda constitucional no estriba en permitir las armas para defenderte del ladrón, del bandido o del vecino. Es para evitar que el Estado pueda venir a por ti a las cuatro de la mañana y sacarte a rastras. Es contra el Estado, para defenderte de él.

Le gusta al profesor Bastos el modelo suizo, porque votan mucho y casi siempre dicen *no* a lo que les ofrecen. Su sistema de gobierno es de directorio, lo que significa que cada partido tiene asiento en el Ejecutivo en función de sus resultados electorales. Por eso las cosas cambian paulatinamente y sin grandes alteraciones, nunca radicalmente.

Bastos cree que se blande «la ciencia» como pretexto para legitimar la irresponsabilidad y eludir la rendición de cuentas. Al cuestionar la Ciencia debemos hacerlo desde la misma Ciencia, lo que confirma la propia Ciencia. Al cuestionar la democracia debemos hacerlo desde mecanismos democráticos, lo que confirma la democracia. Es la conocida *falacia de la petición de principio*: al decir que quieres demostrar algo, incluyes dentro de ese algo lo que pretendes probar. En otras palabras: se construye un argumento circular cuya conclusión está incluida en la premisa. Este argumento lógicamente incoherente a menudo se presenta en situaciones donde alguien tiene una idea muy arraigada en su cabeza como válida.

¿Qué es lo que hace el poder político? Se parapeta detrás de los científicos para esconderse: la decisión es siempre y en última instancia política, no científica. Recordemos el *comité de expertos* nombrado por el Gobierno para gestionar la pandemia. Ni siquiera sabemos, a día de hoy, quiénes lo integraron. Decidir es, siempre, tomar una decisión política. Y Bastos recuerda que todo es anarquía. Un gobierno de coalición es anárquico por naturaleza. Un grupo de amigos, lo mismo. La pareja, también. Incluso la Iglesia Católica o las relaciones internacionales. Precisamente por eso, recuerda el gallego, son tan estables: porque cualquiera de las partes puede irse en cualquier momento.

Bastos es de la opinión de que no es obligatorio ser capitalista, pero si lo quieres ser debes observar los valores propios del capitalismo. Otra cosa no funciona. No vale cualesquiera valores, valen la frugalidad, el ahorro, el trabajo duro, la constancia, la paciencia y la perseverancia. Si todos los días te compras ropa, te la pasas drogado, o trabajas la mitad de la mitad, bueno, de ahí no saldrá nada próspero[29].

Más sabiduría *bastiana*: el individuo solo puede serlo dentro de una comunidad, dentro de quienes te conocen. En el Estado no, pues solo eres un número. Incluso vale para quienes te odian, pues para odiarte hay que individualizar al odiado, se reconoce al menos tácitamente que la persona odiada es una persona.

Otra idea recurrente en su pensamiento: el sistema de mercado es transformar egoísmo individual en bienes para todos. Vender pan, o revistas, o camisetas. Además, que te vendan cosas no significa que no pueda hacerse en el contexto de una relación amistosa. Pero en la Universidad el obstáculo es claro: las asignaturas de carreras de ciencias sociales explican y justifican los sistemas políticos existentes, sin discutirlos nunca en profundidad y sin explorar el origen o legitimidad del poder que tienen.

---

29 Como dice Diego Golombek: transpiración más que inspiración, parafraseando la conocida frase de Edison: el genio es 1 % inspiración y 99 % transpiración. *Vid.* GOLOMBEK, D.; *La ciencia de las (buenas) ideas. Manual de evidencias para la creatividad, la innovación y el pensamiento disruptivo*, Siglo XXI Editores, Buenos Aires, 2022, p. 66.

Nunca lo olvidemos, nos dice el gallego, el Estado es coacción y fuerza: incluso si es dirigido por ángeles sería en esencia inmoral y agresor. Las Constituciones y el anarcocapitalismo han intentado controlar y limitar ese poder omnímodo. Bastos considera que mejor el segundo que las primeras, pues basta con adoptar su ideario. En cambio —entiendo yo, no Bastos— las normas constitucionales se encuentran en medio de la melé política cotidiana. Si pensamos en términos anarcocapitalistas todo cambia, según el politólogo gallego.

De ahí que el Estado se apresure en construir sistemas educativos para que los alumnos no le cuestionen: estas son las fronteras, dentro tenemos estas montañas y ríos, esta es la capital, etc, etc, etc. Si dejamos de creer en el Estado cae la obediencia consciente pues nuestras rutinas pasan a ser órdenes (al menos para nosotros). La autoridad debe ser combatida con la resistencia pasiva. ¿Le daríamos un cuarto de nuestro salario al vecino por el mero hecho de que nos amenace con un arma? ¿Y por qué al Estado sí? Al cabo, son órdenes concretas de personas de carne y hueso...

Cita a Gene Sharp, un teórico de la resistencia no violenta, cuyas tesis se centraban en planificar una estrategia, superar la atomización (el individuo como unidad aislada), establecer pilares de apoyo, resistir la violencia, tratar las cosas como merecen ser tratadas, hacer jiu-jitsu político (emplea la fuerza del adversario en su contra, contragolpea) y no rendirse.

Para Bastos, lo importante no es el sistema de voto (cómo se vota) sino sobre qué se vota (por qué y para qué votamos). Cuando le preguntan sobre la presunta compra de votos responde como el genio que es: si hay que comprar el voto eso significa que desde que se mete en la urna el sistema es perfecto. Si no, se falsificaría el acta y asunto concluido. O se meterían y sacarían votos de las sacas. Pero no. Cuando se quiere amañar, la opción preferida siempre es intentar comprar voto, para que ya luego tú lo deposites en la urna y siga el proceso legalmente establecido...

En algunos sitios, pueblos pequeños sobre todo, esa «compra» adopta la forma de un intercambio de favores. Cuando no hay acción colectiva todo se basa en lo personal, en el tú a tú. Algunos dan al dinero una connotación sucia, tratándolo de corruptor. Pero luego das 400 euros a los que cumplen 18 ese año, lo llamas bono cultural, y nadie habla de «compra de votos», cuando es justo lo que es. La gente, cuando desconfía, usa la acción individual a cambio de un favor tangible. Pero Bastos insiste: cualquier cosa hecha por lucro pareciera corrompida (o eso dicen algunos). Pone el ejemplo de la prostitución: si un chico y una chica se acuestan, todo bien. Pero si hay dinero de por medio, ya opera un sistema de opresión y explotación. Cuando el hecho en sí es idéntico en ambos casos.

Le preguntan al profesor Bastos por qué VOX subió menos en Galicia que en otros sitios en las elecciones de mayo de 2023. Respuesta genial: porque no hay MENAS. A lo que añade que la abstención es propia de países prósperos, pudientes y pacíficos. Es síntoma de madurez y estabilidad. Mucha abstención nos dice que esa sociedad no está especialmente tensionada.

El posmodernismo se convierte en una técnica para el uso del poder dentro de un mundo sin verdades ni referentes. Bastos cree que la convocatoria anticipada de elecciones generales para julio de 2023 fue una jugada inteligente de Sánchez: mueve el marco, toma el control del discurso, chafa la celebración del PP por el éxito de las municipales y autonómicas, hace que aumente la exposición mediática y, con ello, la posibilidad de que el PP cometa errores o se queme.

Bastos observa que en el marxismo hay vida: exponen su ideología por tierra, mar y aire y ofrecen una explicación de todo, holística, global, desde el trabajo, hasta la familia, pasando por la literatura o el Derecho. Te daba una vida entera. Mientras que las personas de derecha han renunciado al relato, están guarecidas en sus puestos, haciendo dinero en lo económico y dejando libre el debate público para que los primeros —y sus herederos— puedan campar por sus respetos cantando las alabanzas derivadas del hecho de ser de izquierdas. Mientras tanto, nadie explica por qué la economía de mercado es tan exitosa y saca de la pobreza a millones de personas. Nadie relata eso. Nadie novela eso. Nadie hace series o películas de eso. Solo tenemos la historia contada por los de izquierdas. Por eso hay miles de libros y películas sobre el particular y nada sobre lo que de veras hace funcionar el mundo. Lo que pasa de veras en la calle no lo explica nadie. Los marxistas no hacían aburridos ejes de coordenadas en la pizarra. Los profes marxistas eran cultos, explicaban cosas y te sumían en un atractivo marco revolucionario con el que tu vida cobraba pleno sentido. El marxismo no era frío, muy al contrario. Los profesores de universidad de aquella época, sigue Bastos, estaban absolutamente convencidos de lo que contaban. Eran marxistas cultos, leídos, explicaban las cosas...En otras palabras: se vendían fenomenalmente bien, tanto ellos como su ideología.

Trata el tema de la burocracia, de ese aparato público sobre el que descansa la administración. Y dice el bueno de Bastos que la burocracia no es neutral, tiene sus propios intereses y los defiende. No obstante, Mises dijo aquello de que *el socialismo no es ni bueno ni malo: es imposible*. Por más que se empeñe, el poder político jamás podrá con lo económico. Por eso necesitan sectores públicos donde manden *ellos*: justicia, carreteras, sanidad, educación...Sólo surgen, de ahí, preguntas sin respuesta. Por ejemplo: ¿cuántos profesores debe haber? ¿Deben cobrar todos igual? ¿Deben tener los mismos complementos? ¿Es lo mismo si dan clase a veinte que a cien? ¿Quién, cómo y por qué lo determina? Y las carreteras... ¿cómo deben ser? ¿cuántos carriles deben tener? ¿y respecto a los jueces: cuantos, cómo, ¿dónde...? También es aplicable a las empresas: ¿de qué tamaño, tienen tope?

También deja Bastos algunos consejos para el alumno y el profesor. Uno: mira en qué eres bueno y haz que te guste. No es tanto ir persiguiendo sin medida lo que te guste, pues será esfuerzo baldío. Pero si lo haces al revés y te fijas en lo que haces bien, que te guste resulta menos costoso. Dos: hacer escuela, poder hablar de estas cuestiones con personas afines a ti; eso implica necesariamente estar en un sitio de forma permanente, al menos poder volver a él.

Y, como predica con el ejemplo, explica algunas nociones de la economía de mercado. Por un lado, que los mercados se coordinan solos. Debe ser por eso por lo que tantos políticos los odian, porque no pueden meter la mano. No hace falta consenso alguno: hoy pides algo a Japón y mañana lo tienes en casa, sin que haya surgido la necesidad de acordar nada más con quienes hacen la transacción posible. Por otro, el control de precios es nefasto porque mata la economía. Pero como el mundo lo explica la izquierda, eso tampoco se sabe. Lo dijo Schumpeter: el capital no tiene ni mitos, ni leyendas ni héroes. Los precios coordinan, enseñan y señalan la mejor alternativa. Eso es explicar las cosas. Como decía Gila: ¿El submarino? De color muy bien, pero no flota.

El sesgo negativo impregna todo: poner el telediario y llorar es todo uno. Como contraposición, la vida real. Las cosas funcionan porque el mercado funciona. La gente llega al trabajo. Los puentes no se caen. Vamos y venimos. Compramos comida. Los aviones aterrizan. La casa no se derrumba. Los trenes llegan. Pero algunos se empeñan en lo contrario. En no reconocer ni lo más mínimo de bueno que tiene «el sistema». Bastos nos ofrece consejo y consuelo. No es poca cosa.

Dedica algunas reflexiones el bueno de Bastos a los Imperios. Piensa que cuanto más grande peor, porque cuesta más mantenerlo. Bastos es de la opinión de que comprar cosas de lujo lleva a necesitar comprar cada vez más cosas de ese estilo. O cuando a un empresario le quisieron regalar un Rolls-Royce sus empleados. Al enterarse, se negó en redondo a aceptarlo y les dijo: «para mí, ese coche no representa nada». El profesor Bastos cree que comunicar bien y gestionar bien son cuestiones distintas porque requiere habilidades diferentes. Jerónimo era el líder perfecto para la guerra, pero era nefasto para la paz.

Mira cómo define el bueno de Bastos el impuesto de sucesiones: el Estado se apropia de la casa de la persona muerta y les dice a sus herederos: o me pagas el rescate o no hay casa. O lo que sucede con el derecho de propiedad privada. Bastos cree que en realidad lo que existe y subsiste es un usufructo porque, según la Constitución, el poder te puede expropiar tu propiedad por la «función social». Y encima establecen un precio, el justiprecio, que el poder decide unilateral y casualmente siempre más bajo que el precio de mercado. Esto otorga un poder desmedido a unos tipos que deben pensar a lo Luis XIV: *El Estado soy Yo.*

Vuelvo a Bastos: para el Estado, controlar todo reside en saber leer a su pueblo. Una de las medidas típicamente estatales es unificar mediante el lenguaje, los pesos y medidas, o los apellidos. La escala siempre es relevante: Andorra, Luxemburgo, Liechtenstein deben ser abiertos al exterior. Deben tener una moneda sana. Deben ser fiables. De lo contrario, no sobreviven. La fragmentación de Europa, el hecho de ser tantos Estados facilitó el surgimiento de la economía del mercado y del capitalismo.

Hablando de la amnistía: para Bastos los delitos entre políticos acaban siempre amnistiados, de una manera o de otra. La división de poderes es un mito. Basta mirar al Consejo General del Poder Judicial o al Tribunal Constitucional. Todos intentan controlar tales órganos, como en su día hizo Roosevelt nombrando tres jueces (más) del Tribunal Supremo para sacar adelante su *New Deal*.

Bastos insiste en la idea de que cuando los jueces se hacen funcionarios dejan de ser independientes. Les pueden mover, cambiar de destino, hacer inspecciones en su juzgado, con la consiguiente paralización de todo el trabajo... Con la seguridad pasa otro tanto: el Estado está preparado para combatir otros Estados, no grupos como los yihadistas o los piratas marítimos. Se intentó combatirlos mediante buques gigantes y el resultado fue desastroso. Se solucionó cuando lanzaron varias zodiac al mar con dos mercenarios en cada una. De hecho, cuando surgió el terrorismo yihadista y los políticos dijeron que no sabían cómo combatirlos, los jefes de la Mafia corsa dijeron en público: «déjennos a nosotros, que nosotros sí sabemos». Silencio sepulcral.

¿Dónde se esconde mejor el yihadista?, se pregunta Bastos. En Estados grandes. No en Andorra o Luxemburgo. En París, que es donde hace daño, no en Andorra la Vella. Cuando atentaron en la Sala Bataclan de París un puñado de salvajes consiguieron parar Francia durante días: carreteras cortadas, vuelos cancelados, espacio aéreo cerrado. El enemigo ahora opera en Red, está en todos lados.

Bastos cree que pagamos sobre todo los intereses de la deuda, como país. De hecho, la deuda es un mecanismo genial para los Gobiernos porque está pensada para no pagarse. Miremos Suiza: en cuanto hubo un poco de inflación, bajaron los tipos de interés. Tiene una moneda sana. No está en la eurozona, esa es la clave de por qué no le afecta lo que dicen que afecta «a todos» (la guerra en Ucrania). Suiza, un país que rota su presidente anualmente por los diferentes partidos. Además, si cobramos y no producimos, suben los precios.

El segundo referente intelectual es Jesús G. Maestro. Es un profesor de universidad experto en Literatura. Su estilo es contundente y, a veces, destemplado. Pero defiende su verdad a capa y espada, ofreciendo un arsenal de criterio y recursos. Allá cada cual con su nivel de aguante al leer o escuchar según qué cosas.

Maestro es de la opinión de que la religión es filosofía confesional y yo le creo. Cervantes no fue a la Universidad y escribió El Quijote. Shakespeare no siguió las normas teatrales para escribir teatro. Tampoco Lope de Vega. Las humanidades no humanizan al igual que la gente no es más o menos dulce o salada por el hecho de que tomen azúcar o sal. Los nazis dormían en horizontal y yo también, pero eso no me convierte en uno. Ni por ver la luna un día, como seguro que hizo Heidegger, tal cosa me convierte en un heideggeriano.

Como dijo Quevedo: pocos pero doctos libros juntos en conversación con los difuntos. La Literatura es insumisa por su propia esencia. Siempre es y debe ser contra un sistema de normas impuesto. En cambio la Religión o la Filosofía es organizar tu vida en torno a una mentira. La Literatura sabe que es ficción, pero estas dos, no. La primera no se toma en serio sus ficciones, la Religión y la Filosofía sí lo hacen.

Sucede que ciertos tipos de Literatura atontan al leerlas, no te espabilan. Son anestesiantes porque te hacen creer que eres más listo que los demás por el mero hecho de leerlas y ya no integras el grupo de los tontos de los que habla (por ejemplo: leer a Montaigne, Zweig u Ortega y Gasset). Son ese tipo de autor que dice: «yo soy el listo y el bueno y pertenezco a esa élite, mientras que tú eres tonto si no piensas como yo, y, por ende, zafio, vulgar y abotargado». Como cuando dicen eso de que hay apoyar la cultura. ¿Qué es la cultura? Para Maestro, los españoles comunes y corrientes somos todos Cervantes que no hemos escrito El Quijote. Salimos adelante en condiciones adversas, luchando, con humildad, tal y como narra Cervantes en su obra maestra. Una de sus lecciones más poderosas es que el idealismo conduce al fracaso. Si los alemanes lo hubieran leído nos hubieran ahorrado dos guerras mundiales. Cervantes entroniza al humilde mientras que Valle-Inclán lo destruye. En la obra cervantina, cuanto más alto estás y más noble es el noble, peor persona resulta.

Maestro incide en la idea de que la educación viene de «ducere», que es conducirse o educarse. Lo fundamental es educarse para el desengaño, pero se hace lo contrario, Maestro *dixit*, y así nos luce el pelo. El profesor abjura de los escritores que hacen creer a los lectores que forman parte del grupo de las personas inteligentes. Necesitamos que nos engañen y engañarnos para sobrevivir. Creemos que nosotros no somos vulgo, no somos masa, pero nos engañan como a todos, faltaría más. Maestro pone el ejemplo del modelo universitario español actual, donde se prima el hacer currículo meramente formal, no material. Pura formalidad vacía, bien que lo sabemos.

En otro momento, Maestro critica duramente a Jordan Peterson. Le considera un hablador, no un pensador, un vocero de la literatura parenética (aquella que da consejos). Escucho por enésima vez que la autoayuda es el autoengaño propio del mundo de hoy. Finiquito con una frase que cita Maestro y que me hizo sonreír: vivir en la Tierra es caro, pero al menos permite viajar una vez al año alrededor del sol.

Maestro entiende la pasión como idealismo y, por tanto, resulta una patología, una forma de ir contra la Literatura. Una gran pasión también es sinónimo de una gran dureza y grandes sufrimientos. Se autodenomina un intérprete de la Literatura, no un apasionado de la Literatura. Cuando le preguntan sobre su docencia en universidades diferentes a la suya, contesta que las Universidades son iguales en todos sitios, especialmente después de la implantación del Plan Bolonia de 2008, *estadounizando* las academias europeas.

Maestro entiende que el profesor universitario está al servicio de las ideologías, no de la libertad. Hoy día o eres un ideólogo o nadie te atiende. Como los premios, que son simple correa de transmisión de la política. De hecho, considera que la Universidad y la libertad no tienen nada que ver. Nunca se discutieron las ideas en la Universidad, solo simulacros. A día de hoy no somos profesores: somos entrenadores personales. Entiende la originalidad como no repetir lo que ya se ha dicho, aquello irresistible a la crítica, aquello sobre lo que todo el mundo opina.

Ahora fingimos sentir algo por el prójimo. Se busca la felicidad, no la inteligencia. La ignorancia es para Maestro como la pobreza: no se puede disimular. La única fuente de magisterio veraz es la necesidad. Es el remedio más crudo y potente para cualquier cosa en la vida. *Al plato vendrás y entonces verás*. La filosofía no sale bien parada, pues no deja de ser una forma excéntrica de ejercer la sofística. Como el pan congelado: es un simulacro de pan, no auténtico pan.

Jesús G. Maestro tiene una vis hiperbólica. Dice que los jóvenes no son especialmente débiles y tienen un sentido del humor excelente (porque se lo pueden permitir). Es la viva muestra de que vivimos bien. Cuando le preguntan sobre geopolítica responde que de literatura fantástica no sabe. Genio y figura. Nunca deja pasar la oportunidad de criticar la democracia. ¿Democracia era el esclavismo? ¿Democracia es el totalitarismo al que ciertas capas del pueblo han conducido a sus países? ¿A que rueden cabezas?[30].

En otra de sus jaculatorias en YouTube habla de los motivos por los que el estudiante no va a clase. Ese «absentismo activo», ¿a qué se debe? Para Maestro se debe a que no necesitan ir a clase. Obligarles es un error. La libertad va mucho más allá de las leyes que la objetivan y la realidad es siempre la solución, no el problema. Si asistir a clase es una pérdida de tiempo, los alumnos no pisarán el aula. Esa es la idea central: la realidad dicta sentencia y casi nadie quiere sacar las conclusiones correspondientes. Las aulas ya no son las de los ochenta o noventa, con aulas masificadas y ausentes cuya ausencia era imperceptible por la gran cantidad de alumnos que las poblaban.

Maestro cree que las clases presenciales deben limitarse a una a la semana. Entiende que al trabajo no se acude a socializar, que no hay que ir con la pretensión o el deseo de hacer «vida social». La Universidad del siglo XXI está

30 Estas ideas aparecen desarrolladas en profundidad en Maestro, J. G., *Ensayo sobre el fracaso histórico de la democracia en el siglo XXI: La posmodernidad democrática como medio de destrucción de la libertad y del Estado moderno*, Editorial Academia del Hispanismo, Vigo, 2024.

completamente alejada de la realidad, por eso no les sirve a nuestros alumnos y no vienen a clase. El absentismo no provoca fracaso académico. Pero la Universidad de este nuestro siglo sigue empeñada en impartir clases formato siglo XX...Craso error. Aboga por digitalizar todo, clases y materiales.

El éxito de la Universidad reside, para el cátedro, en el autodidactismo del alumno (lo que no deja de tener su gracia). La realidad, de nuevo la realidad, dice que los conocimientos se crean fuera de la Universidad y después se incorporan académicamente. La universidad no es que no sea vanguardia, sino que es pura retaguardia.

El siguiente en las referencias de cabecera es Alberto Olmos. Suele decir que el único género literario español es la picaresca. Que las únicas tesis doctorales que merecen la pena son las que plagian porque serán las únicas consultadas. Las otras, las «buenas» son puros cadáveres especulativos.

Según Olmos, cuando decimos que nos gusta algo solemos querer decir que se nos da bien algo y por eso nos gusta. Igual que ser buena persona: si la vida te va bien, eres buena persona. Ahora, cuando te va mal, lo difícil es seguir siéndolo. Pero en fin, vivimos en un mundo en el que algunos bibliotecarios no saben que los libros también se pueden leer por dentro. Olmos cree que la Literatura es impúdica y confesional. El lector no debe utilizarlo contra el escritor sino a favor de todos. Todo lo escrito es ficción, piensa Olmos (yo concuerdo). Elegir una palabra ya es manipular (sigo concordando). Escribir es como ser irlandés: aguantar una mala situación toda su vida. *A la Cervantes*: orgulloso con los orgullosos y humilde con los humildes. Para escribir hay que escribir, no «vivir».

No podemos ni queremos hurtar al lector algunas referencias intelectuales adicionales que no hemos conseguido encajar en páginas anteriores pero que resultan especialmente sugerentes. Hablamos de autores tan dispares como Javier Cercas, Douglas Hyde, o Robert Kiyosaki, por poner dos ejemplos. De Javier Cercas nos quedamos con sus señas del nuevo intelectual, de lo que hace falta para ser un intelectual a día hoy. De Hyde optamos por seleccionar la fidelidad a quien uno es en cada momento o fase de la vida. De Kiyosaki traemos la cruda y descarnada realidad que algunos niegan por impotencia, rabia, indignación o sectarismo: la economía de mercado y el capitalismo nos ha sacado de pobres a millones de personas.

Cercas aboga por una serie de características inherentes a la figura del intelectual, tal y como él la concibe. Por un lado, debería intervenir en el debate público con el tono y la actitud de un ciudadano, no con pomposidad y frases oraculares. Eso lleva aparejado administrar razonablemente su aparición en los medios. Por otro lado, resistir la tentación de hallarse en posesión de la verdad y asumiera que la moral es previa a la política. Además, debería respetar la verdad y ser humilde y generoso, reflexionando sobre las ideas que luego compartirá, en la creencia de que son las correctas. En suma: según Cercas cualquier fe política es mudable, salvo la fe en la democracia.

El intelectual es el que tiene la gallardía, inclinación, el compromiso de decir «No» y preservar, así, la dignidad colectiva[31].

Hyde es de los que defiende que se debe estudiar a quienes no comulgan con nosotros para aprender de ellos. Al fin y al cabo, subsiste una lucha sin cuartel por hacernos con los corazones, las mentes y las almas de los hombres. Esa capacidad de sacrificio del comunista de toda la vida, ese darlo todo por la causa. Con sus propias palabras: el comunismo es lo más importante en la vida de un comunista. Si exiges mucho obtendrás mucho. Si exiges poco, obtendrás poco. El compromiso demanda más compromiso. En ningún lugar hay «material humano de calidad superior», todos estamos hechos de la misma pasta, zozobrante, confusa, y poco afortunada en la toma de muchas de nuestras decisiones.

Kiyosaki recuerda verdades atemporales. Como, por ejemplo y de la mano de Thomas Sowell, que no hay nada más estúpido o peligroso que dejar la toma de decisiones en manos de quienes no sufrirán las consecuencias si se equivocan. La que cuenta es la gente que cuenta votos, no la gente que vota. El maestro real es aquel que practica lo que enseña, no el que inocula ideología sin denuedo. Por eso se suele decir que lo que la mano hace la mente recuerda. Kiyosaki cita a Víctor Hugo para hacernos saber que debemos celebrar el hecho de tener enemigos, pues eso significa que creemos y defendemos algo. Pero en el mundo actual resulta harto difícil defender «algo». Lo que se enseña en las universidades son opiniones, la forma más ínfima de conocimiento porque no exige ni entendimiento ni responsabilidad[32].

---

31 *Vid.* Cercas, J.; *El punto ciego. Las conferencias Weidenfeld 2015*, Random House, Barcelona, 2016, p. 108 y ss.

32 *Vid.* Kiyosaki, R.; *Manifiesto capitalista*. Aguilar, Madrid, 2023, p. 45 y ss.

4

PROYECTO DOCENTE

El proyecto docente que se expone a continuación se divide en tres apartados, que corresponden con las tres asignaturas que, según el plan de estudios oficial aprobado en el año 2020 por la Facultad de Derecho *complutense*, se enseñan por los miembros del Departamento de Derecho Constitucional: Derecho Constitucional I, donde se estudia introducción constitucional y se explican las fuentes del ordenamiento jurídico, el Tribunal Constitucional y la reforma constitucional; Derecho Constitucional II, donde se explica la organización constitucional y territorial del Estado; y Derecho Constitucional III, materia dedicada a los derechos fundamentales y a sus mecanismos de protección. Seguiremos, en lo sucesivo, dicho orden, para exponer los rudimentos básicos de qué y cómo enseñamos tales disciplinas, siempre desde la vindicación de lo que el profesor Blanco Valdés ha denominado *la España constitucional*, un gran invento que, a pesar de los muchos que conspiran en su contra, sigue vivito y coleando, si se permite la expresión[33].

A. Planteamiento general

La normativa complutense que regula la presentación de un proyecto docente e investigador establece que cada concursante debe hacer entrega, en el acto de presentación de los candidatos, de un currículum vitae, y de un proyecto docente e investigador para cada miembro de la Comisión. Más adelante, se indica que la Comisión debatirá con cada candidato por un tiempo máximo de 120 minutos, entre otros aspectos, sobre su proyecto docente. Dado que se ha optado por entregar separadamente el currículum vitae, el presente trabajo se centrará en el proyecto docente e investigador que el candidato defenderá.

33 *Vid.* Blanco Valdés, R.; *Luz tras las tinieblas. Vindicación de la España constitucional*, Alianza, Madrid, 2018.

Lo primero que le gustaría expresar al candidato es que este trabajo solo tiene sentido precisamente por dicha característica. Por ello se elabora siguiendo la síntesis y la concisión, virtudes académicamente apreciables, sin perjuicio de profundizar en aquellas cuestiones que los miembros de la Comisión evaluadora tengan a bien. Dicho con otras palabras, estos son los cimientos de una casa que solo se verá medianamente construida como resultado del a buen seguro fructífero debate que tendrá lugar en la fecha de defensa de los ejercicios.

Entrando ya en el proyecto docente como tal, resulta complejo determinar cuál debe ser su concreto contenido, pues la normativa reguladora establece, en ese mismo apartado 6 de la Resolución de 24 de julio de 2023 que: «versará sobre las actividades docentes a desarrollar especificadas en la convocatoria. En otro caso, estará relacionado con las materias asignadas al departamento. Se desarrollará, de forma resumida (extensión recomendada: 50 páginas) señalando claramente los objetivos a conseguir en ella, la organización temporal, los hitos fundamentales, así como la metodología docente y bibliografía recomendada comentada».

Resulta evidente que también debe tomarse en consideración el concreto perfil de la plaza a la que el candidato concurre. Y esta afirmación alude a una realidad compleja de factores, entre los que debemos mencionar el modelo de enseñanza de que se trate (no podría ser igual un proyecto docente de una asignatura presencial que a distancia), los concretos saberes que se deberán impartir o el plan de estudios de la Universidad convocante. En el caso que nos ocupa, el perfil de la plaza se relaciona con la docencia en Derecho Constitucional. A la vista del Derecho Constitucional que se imparte en el Departamento donde se adscribe la plaza a la que se opta, hemos apostado por realizar un breve bosquejo de las tres que figuran en el Plan de Estudios del Grado en Derecho y que son Derecho Constitucional I, Derecho Constitucional II, y Derecho Constitucional III[34].

Ahora bien, estas materias se explican por un profesor de Derecho Constitucional, y este enfoque también debe encontrar lógico reflejo no solamente en la forma de abordar el fenómeno jurídico de la integración europea en las investigaciones, sino también en lo que ahora interesa, el proyecto docente. En efecto, como tendremos ocasión de mostrar, tanto el Derecho de la Unión Europea como el Derecho del Consejo de Europa son dos realidades jurídicas ineludibles, que solamente pueden ser explicados en el marco del Derecho Constitucional, Derecho este que posibilita la implicación del Reino de España en el proceso europeo de integración europea, marcando así sus límites.

Por este motivo, procede presentar cuál es la concepción del Derecho Constitucional que el aspirante maneja, esbozando las líneas maestras que

34 *Vid.* https://derecho.ucm.es/informacion-academica. Último acceso: 7/2/2024.

justificarán la opción por una determinada forma de explicar las asignaturas relacionadas con este saber jurídico y con el perfil de la plaza.

Solamente cuando se haya justificado cuál es la concepción que el candidato tiene de las asignaturas tendrá sentido traducir esa visión del Derecho Constitucional a un programa de la asignatura. Un programa, ya se adelanta, que no solamente se cohonesta, como no puede ser de otra forma, con la concepción de la asignatura que el concursante defiende, sino con un enfoque asumido, a día de hoy, por un nutrido grupo de profesores que forman parte del Departamento de Derecho Constitucional de la Universidad Complutense de Madrid. Huelga decir que la autonomía universitaria y la libertad académica son bastiones que posibilitan que cada profesor adapte tales directrices a sus saberes. El pluralismo es, probablemente, el medio que posibilita acuerdos de mínimos y desarrollos ulteriores fijados por cada profesor, entendido en el marco de la autonomía universitaria constitucionalmente reconocida[35].

No resulta sorprendente que, a la vista de lo relatado hasta ahora, se parta, para elaborar nuestro personal programa, de la síntesis entre el programa de las lecciones que escribimos para los alumnos y los diferentes manuales que nos han brindado constitucionalistas de fuste[36]. Tampoco debemos eludir que el aspirante lleva impartiendo Derecho Constitucional y materias anexas y conexas desde el año 2008, en entornos universitarios diferentes: primero en la Universidad de Valladolid, posteriormente en el Centro Universitario de la Defensa de San Javier, luego, de nuevo, en la Universidad de Valladolid; y, finalmente, en la Universidad Complutense de Madrid. Nos permitimos hacer notar que antes de que los adalides de *la movilidad por la movilidad* tronaran al respecto, este humilde aspirante fue allá donde tenían un trabajo académico para él y antepuso seguir manteniendo un puesto en una Universidad antes que cualquier otra alternativa. En otros términos: me doctoré en 2011 y el primer contrato que firmé con mi *alma máter* sucedió en 2018. Siete años de movilidad ininterrumpida, de ganar experiencia allende los mares, apren-

---

35 *Vid.* Torres Muro, I.; *La autonomía universitaria. Aspectos constitucionales*, CEPC, Madrid, 2005.

36 Respecto a las lecciones, véase Álvarez Rodríguez, I.; *Lecciones de Derecho Constitucional I*, UCM, Madrid, 2020; *Lecciones de Derecho Constitucional II*, UCM, Madrid, 2021; y *Elementos de Derecho Constitucional III. Derechos Fundamentales*, UCM, MADRID, 2023. Respecto de colegas cualificados, véase García Roca, J.; *Lecciones de Derecho Constitucional*, Cizur Menor, Civitar, 2023; y Bilbao Ubillo, J. M.; Rey Martínez, F.; y Vidal Zapatero, J. M.: *Lecciones de Derecho Constitucional I*. 4.ª ed. Lex Nova. Valladolid, 2018; y Biglino Campos, P.; Bilbao Ubillos, J. M.; Rey Martínez, F.; Matia Portilla, F. J. y Vidal Zapatero, J. M. (coords): *Lecciones de Derecho Constitucional II*. 3.ª ed.; Lex Nova-Thomson Reuters. Valladolid, 2022. También debe consultarse López Guerra, L.; *La Constitución de España*, Tirant lo blanch, Valencia, 2023; y Díez-Picazo, L. M.ª; *Ordenamiento constitucional español*, Tirant lo blanch, Valencia, 2023, 2.ª edición; y *Sistema de derechos fundamentales*, Tirant lo blanch, Valencia, 2021.

diendo de quienes sabían y de quienes no, e ir madurando la personalidad y afinando la pluma.

No obstante, no todo fue malo, va de suyo. Aunque estos encargos docentes supusieron una sobrecarga laboral y personal de relieve, ahora que se mira hacia atrás se antojan esenciales, al haber germinado una visión general de la disciplina del Derecho Constitucional, lo que se ha proyectado en distintas mejoras y variaciones que afectan a los diferentes cursos docentes. Desde esta perspectiva, el proyecto docente no pretende ahora indicar qué se pretende hacer en el futuro, sino qué se quiere seguir haciendo.

Aclarado cuál es el objeto de la actividad docente, será conveniente realizar también algunas consideraciones sobre la forma de transmitir esos conocimientos. Se hace referencia a las técnicas pedagógicas de las que el aspirante se valdrá, en caso de serle adjudicada la plaza objeto de concurso, para transmitir a sus alumnos los diferentes conocimientos que integran las asignaturas explicitadas arriba. Estas reflexiones no pueden deslindarse tampoco, por supuesto, de su propia experiencia docente y de la experiencia profesional de aquellos que le ayudaron, de una manera o de otra, en ocasiones sin ellos saberlo, a la hora de conformar una propuesta concreta y experimentada de transmisión de conocimientos vinculados al Derecho Constitucional. Así que es el momento de traer, aquí y ahora, al profesor Fernández-Miranda y al profesor Torres Muro; al profesor Díez-Picazo; al profesor Matia Portilla; al profesor Alzaga y al resto de amigos *teórico-realistas*; y al profesor García Roca.

También se incluye en este volumen un breve apartado sobre la investigación. Si el currículo vitae adjunto da cuenta de la labor desempeñada hasta el presente, aquí se presentará cuáles son las principales tareas de investigación que pretenden acometerse en los próximos meses y años.

B. Derecho Constitucional: rasgos característicos generales y rasgos característicos nacionales

En este apartado intentaremos explicar brevemente cuáles son los principales rasgos generales que caracterizan al Derecho Constitucional y a su objeto de estudio, la Constitución, para después hacer lo propio respecto de la Constitución española y el Derecho Constitucional español.

1. Rasgos característicos generales

Suele citarse la famosa Declaración de los Derechos del Hombre y del Ciudadano de 1789 como origen del constitucionalismo moderno. En concreto su artículo 16, donde recuerda que toda sociedad que no garantice las libertades individuales y la separación de poderes, carece de Constitución. A partir de ese momento, fueron muchos los conceptos de Constitución manejados, pero no vemos motivo especial para apartarnos del principal, siquiera como punto de partida: la Constitución es la norma suprema del ordenamiento, formal y materialmente hablando, directamente aplicable y, en ese sentido, inevitablemente sometida a interpretación. Es aquí cuando conviene recordar el necesario deslinde que debe hacerse entre las causas y las razones, entre la ideología y el Derecho.

Por lo tanto, el Derecho Constitucional es la ciencia jurídica que estudia la Constitución, una norma normativa, valga la redundancia, en sentido formal y material. Formal porque es la norma que da forma al poder político y le conmina a actuar dentro de unos confines (que bien podrían estar hoy en día en disputa). Material porque contiene disposiciones directamente aplicables que redundan en una convivencia elemental y pacífica en el marco de la comunidad dada.

Huelga decir que sigue operativo el criterio que separa la rigidez de la flexibilidad. Las Constituciones posteriores a la II Guerra Mundial suelen presentar más rigidez que flexibilidad, esto es, el procedimiento de reforma de las mismas se rige por un proceso regulado por la propia Constitución y que resulta más gravoso que el mero procedimiento legislativo de turno.

Conviene no esconder que los aspectos anteriormente referidos varían en cuestiones basilares si estamos ante sistemas del *common-law* o del *continental-law*. Sabemos que los primeros tienden a producir pocas normas mientras que los segundos suelen ser más generosos en su producción normativa. Sea como fuere, no es equivocado decir que todo país democrático se ha dotado de una Constitución, escrita o no, con carácter general, especialmente a partir de la famosa metáfora de las olas democratizadoras que hemos observado en el continente europeo después de la II Guerra Mundial y a la que España llegó a la muerte del dictador[37].

Uno de los fenómenos más importantes que se han producido en las últimas décadas es la internacionalización del ordenamiento constitucional, señaladamente en el marco de la Unión Europea y del Consejo de Europa[38]. Esto ha llevado a que la divergencia de las tesis sea palmaria en cuanto al tipo de Derecho Constitucional que existe: mientras un sector doctrinal defiende que estamos ante escenarios de pluralismo constitucional, de Constituciones en red, otros sectores defienden que sólo hay un ordenamiento, el

37 Uno de los estudios más completos sobre las cuestiones metodológicas en nuestra disciplina, a nivel nacional y comparado, puede leerse en el monográfico que realizó la Revista *Teoría y Realidad Constitucional,* n.° 21, 2008.

38 Véanse los trabajos compilados en García Roca, J.; y Bustos Gisbert, R.; *Identidades europeas, subsidiariedad e integración*, Aranzadi, Cizur Menor, 2022.

constitucional, en el que el internacional se integra, cuando no subsume.[39] Además, el tradicional debate acerca de si la norma internacional es canon de validez o canon de interpretación, *ex* artículos 10.2 y 96.1 CE, no parece haberse resuelto, ni siquiera mediante la por lo demás muy interesante STC 140/2018[40].

Estas ideas se encuentran en pleno debate hoy en el tablero nacional e internacional, tiempos donde el populismo y los nacionalismos parecen ser dique de contención de las ansias globalizantes; por no mencionar cómo las emociones han cobrado cada vez más importancia en el espacio político y, por ende, en el debate constitucional[41].

Así las cosas, el Derecho Constitucional y su objeto de estudio, salvando las particularidades que implica la idiosincrasia de cada país (hay Constitución en la India, pero no es la norteamericana; existe la Constitución no escrita británica o israelí pero también española o la italiana o la francesa...) sería el Derecho de la Constitución. La clave reside en entender correctamente esta última.

Podríamos decir que la Constitución es la Ley Fundamental que proviene del poder constituyente y que incluye las decisiones políticas básicas, la separación de poderes, la garantía de los derechos individuales, los valores esenciales mediante el compromiso y el acuerdo de todos, la fuente de validez del resto de normas, las críticas realistas, las tesis historicistas y la apertura constitucional.

Si redujéramos a lo esencial la cuestión tendríamos que decir que estamos ante una Ley Fundamental normativa, rígida, suprema formal y materialmente, sometida a interpretación e integrada en el ordenamiento internacional.

2. Rasgos característicos nacionales

Es conocido que en España lo que hoy llamamos Derecho Constitucional fue Derecho Político. Es imposible traer aquí en toda su extensión el origen, el desarrollo y las consecuencias que tal extremo tuvo. Acaso también sea improcedente. Pero no podemos dejar de hacer un somero repaso a las principales cuitas del debate, cerrando el apartado con una reflexión sobre el

---

39 *Vid.* Bustos Gisbert, R.; *La Constitución red. Un estudio sobre supraestatalidad y Constitución*, Instituto Vasco de Administración Pública, San Sebastián, 2005.

40 *Vid.* Díez-Picazo Giménez, L. M.ª; «Variaciones sobre el control de convencionalidad», *Teoría y Realidad Constitucional*, n.º 51, 2023, pp. 89-107.

41 Véase respectivamente Eatwell, R.; y Goodwin, M.; *Nacionalpopulismo. Por qué está triunfando y de qué forma es un reto para la democracia*, Península, Barcelona, 2019; y Davies, W.; *Estados nerviosos. Cómo las emociones se han adueñado de la sociedad*, Sexto Piso, Madrid, 2020, 2.ª edición.

estado de la cuestión, esto es, el balance que cabría hacer de estas más de cuatro décadas de vigencia de Constitución del 78[42].

En España, el origen del Derecho Político data de la Constitución de Cádiz de 1812, donde se ordenaba explicar la Constitución de la Monarquía. Posteriormente se creó y nutrió la cátedra del Ateneo de Madrid, donde diversos expertos trataron las más variadas cuestiones relativas al sistema político. En 1842 se habla de «Derecho Político Constitucional», a impartir en sexto de carrera, unificándose primero y separándose después con la cátedra de Derecho Administrativo. Juristas como Santamaría de Paredes o Sánchez Agesta hicieron posibles estas lecciones. Se anota, en esos tiempos, una cierta dependencia extranjera, al igual que una cierta dispersión intelectual en lo que hace a construir un Derecho Constitucional sólido. La II República y la Guerra Civil fueron un paréntesis en el proyecto constitucional nacional, pues, a pesar de haber entrado en vigor la Constitución de 1931, el alzamiento militar acabó por destruir las esperanzas que había depositadas en ella (bien es cierto que nació y murió muy joven, en tiempos sumamente turbulentos a nivel político, social y económico).

A partir de ahí, poco proyecto constitucional hubo. Llegado el franquismo, se dictan las Leyes Fundamentales durante la dictadura. La doctrina constitucionalista suele decir respecto a ellas que la resistencia académica a explicarlas «como si fueran una Constitución» era palpable. También se anota una huida hacia el Derecho Comparado, amén de promover la recuperación del legado constitucional histórico mediante unos puestos universitarios que fueron, en algunos casos, centros de activismo y conspiración política contra el régimen franquista. Por lo demás, quien esto escribe leyó con ojos de veinteañero la polémica desatada al respecto entre el profesor De Esteban y el profesor Rubio. No tengo empaque intelectual para terciar en ella así que nada puedo decir al respecto, más allá de que aprendí que en ocasiones el debate académico puede ser crudo[43].

De alguna manera, en España se contagiaron del escepticismo europeo hacia el método jurídico, de ahí, en parte, los embates que sufrió nuestra disciplina a manos de cultivadores de la Ciencia Política, pues entendían que los constitucionalistas debían poco menos que impartir *Formación Política* con métodos jurídicos. Andando en el tiempo, la disciplina consigue unificarse en torno al nombre «Derecho Constitucional», homologable a las disciplinas de otros países, finalmente escindida de la Ciencia Política, y corroborado por múltiples planes de estudio de otras tantas Facultades de Derecho patrias.

---

42 Nos basamos a partir de aquí en García Roca, J.; *Lecciones de Derecho Constitucional*, Civitas, Cizur Menor, 2023, p. 29 y ss.

43 Véase de Esteban, J.; «Buceando en nuestro pasado preconstitucional (respuesta al profesor Rubio Llorente)», *Teoría y Realidad Constitucional*, n.º 5, 2000, pp. 75-88.

Hoy día se habla ya de Derecho Constitucional y así desde hace cuarenta años.

Si tuviéramos que realizar un balance de nuestro sistema constitucional después de estos cuarenta y cuatro años de vigencia de la Constitución del 78 este es indudablemente positivo. Pero reconocemos la dificultad en conseguir trabar la relación entre causas y consecuencias. Por ejemplo: ¿es el régimen del 78 un éxito porque los ciudadanos de a pie se comportan a diario en líneas generales de forma pacífica y saludable o, antes, al contrario, se comportan así porque el régimen del 78 es un éxito? ¿Cómo operan ambos mundos? Confieso que me resulta muy difícil pronunciar una opinión categórica con visos de certeza. Así que quizá debamos operar de otro modo, por descarte llegaremos a lo mollar. Por la negación arribaremos en la afirmación.

Desde casi el primer día de vigencia constitucional ha existido una corriente doctrinal que alertaba *negrolegendariamente*: España era un reducto franquista, beato, analfabeto y poco menos que brutal. La Constitución de 1978 no iba a suponer nada meritorio ni relevante en ese contexto y, por lo tanto, nacía intervenida, demediada e impuesta por los poderes fácticos patrios y foráneos. La oligarquía se salvaba y mandaba, la reconciliación no era tal y había que volar los cimientos del edificio y construir de nuevo la casa común.

Estos vientos todavía ululan, pero, la verdad sea dicha, no parece que nadie —más allá de apologetas, panfletarios, sectarios y dogmáticos— se los tome muy en serio. El motivo bien puede ser que la realidad ha demostrado lo contrario. Los índices internacionales así lo exponen. Con aciertos y fallos, España es una democracia constitucional al fin y al cabo, lo que significa, al menos, tres cosas: siempre habrá un margen para el acuerdo elemental y el desacuerdo constante, en aras del pluralismo, la tolerancia y el debate provocado por la auténtica libertad de expresión; siempre habrán de celebrarse tales encuentros y desencuentros en el marco de un disenso pacífico; y el acuerdo constitucional elemental solo sobrevive si lo esencial queda fuera del ámbito político, de la discusión y decisión de mayorías coyunturales[44].

Sucede que existe otra corriente de opinión crítica que se antoja más verosímil y tiene que ver con algunos errores de funcionamiento. Es la que proviene del criterio que ofrece la experiencia. Todos los actores aparecen en el escenario ataviados con un traje cuya confección viene de la letra de la Constitución, sin correspondencia con el papel que representan realmente. Habría tres guiones. Uno, el constitucional. Otro, el escrito y dirigido por el Presidente del Gobierno. Y el tercero, elaborado en clave por el partido hegemónico y que interpreta el Ejecutivo.

44 Me ha resultado iluminador, en este y en otros muchos sentidos, el libro de DAVIES, W.; *Estados nerviosos. Cómo las emociones se han adueñado de la sociedad*, Sextopiso, Madrid, 2020, 2.ª edición, p. 107 y ss.

El sistema se vende como excelente en su diseño constitucional y se publicita mil veces de tal guisa. Sucede que la realidad ha puesto el sistema cabeza abajo y funcionaría al revés. La voluntad del Presidente del Gobierno no encuentra freno ni límite, por más que se diga. La sombra del cesarismo planea sobre la sociedad. Los únicos que podrían tener cierto margen de actuación son los jueces. Pero lo cierto y verdad es que los Ejecutivos suelen ser tan ricos en atropellos como escasamente juzgados al final de sus días. La tan cacareada rendición de cuentas no opera.

Habría dos Constituciones, una formal y otra material. Se teoriza y polemiza respecto a la primera, pero manda la segunda. De ahí las contradicciones y malentendidos insuperables; de ahí algunas sentencias constitucionales, incomprensibles y plagadas de omisiones elocuentes cuando no de contradicciones palmarias[45].

Dicho lo anterior, expondremos seguidamente en qué consiste el esquema pergeñado para abordar con solvencia la docencia en las asignaturas arriba referidas.

C. Derecho Constitucional I: Constitución y Fuentes del Ordenamiento Jurídico

Para abordar la asignatura es necesario esbozar un esquema que se atenga, en forma de guía docente, a las guías docentes-marco del Departamento de Derecho Constitucional[46]. En dicho documento figuran las principales áreas que se cubren, señaladamente el programa teórico y práctico, la metodología, el cronograma y las fuentes bibliográficas recomendadas para, junto a los conocimientos aprehendidos en la clase magistral, disponer de elementos válidos y contrastados que ayuden al alumno a consolidar lo aprendido en el aula y a ampliar horizontes.

Respecto al programa, señalar que debe ser compacto y nutritivo desde la óptica intelectual. Según los planes de estudio consultados, la realidad dice que esta materia troncal se suele enseñar el primer semestre del primer curso del Grado/Doble Grado[47]. Dicho con otras palabras, se explica, con carácter general, a alumnos de dieciocho años que nunca se han enfrentado a saberes jurídicos con anterioridad. Las lecciones que integrarían dicho programa serían las siguientes.

---

45 Estas últimas ideas se han leído en Nieto, A.; *El mundo visto a los 90 años*, Comares, Granada, 2022, *passim*.

46 *Vid.* https://derecho.ucm.es/curso-2022-2023-213. Último acceso: 6/9/2023.

47 *Vid.* https://derecho.ucm.es/. Último acceso: 9/9/2023.

Lección 1: La Constitución: características generales

1. Antecedentes: la Constitución en nuestro constitucionalismo histórico.
2. La transición a la democracia y el proceso constituyente.
3. La Constitución de 1978. Estructura. caracteres generales e influencias.
4. La división de poderes
5. El Estado constitucional y la integración europea.
6. El Estado social y democrático de Derecho.
7. Democracia representativa y participación política.
8. El Estado autonómico.

Lección 2: El ordenamiento jurídico y las normas constitucionales

9. Ordenamiento jurídico y sistema de fuentes
10. El concepto de fuente del Derecho
11. La Constitución como fuente del Derecho
12. El resto del ordenamiento jurídico
13. La Constitución de 1978 y la legislación anterior
14. El principio de interpretación conforme
15. La regulación constitucional de las fuentes
16. El llamado bloque de constitucionalidad

Lección 3: La ley y las normas con rango de ley

17. La Ley en la Constitución Española. Clasificación
18. La reserva de Ley en la Constitución
19. La Ley Orgánica
20. La legislación delegada: el Decreto Legislativo
21. La legislación de urgencia: el Decreto-Ley
22. La potestad reglamentaria y el Reglamento

Lección 4: Las fuentes internacionales y el Derecho Europeo

23. El Derecho Internacional y el Derecho Interno
24. Los Tratados Internacionales en la Constitución de 1978
25. La Unión Europea y su Derecho
26. El Derecho de la Unión Europea

Lección 5: La reforma de la Constitución

27. Rigidez y cambios constitucionales
28. Los límites de la reforma constitucional

29. La realidad de la reforma constitucional en España

30. Reforma constitucional y mutación constitucional

Lección 6. El Tribunal Constitucional (I). Modelos de Justicia Constitucional. Organización y Funciones.

31. Modelos de Justicia Constitucional

32. El Tribunal Constitucional español: introducción

33. El Tribunal Constitucional español: composición y organización

34. Funciones del Tribunal Constitucional español

35. Las sentencias constitucionales y otras resoluciones

Lección 7. El Tribunal Constitucional (II). Los procesos constitucionales

36. El TC como Juez de la constitucionalidad de las normas

37. El TC como Juez de los derechos fundamentales

38. El TC como Juez de conflictos

Respecto al sistema de evaluación, se divide en dos partes. El 80 % de la nota final la constituye el examen final. Se realizará por el alumno una prueba, oral o escrita, en las fechas oficiales establecidas por la Facultad. Los exámenes reflejarán, a través de las modalidades diseñadas por el docente (test, preguntas cortas, preguntas de construcción-desarrollo, casos prácticos, análisis de sentencias, etc.), los conocimientos teórico-prácticos del alumno de acuerdo con las competencias genéricas y específicas detalladas en esta guía. El docente decidirá libremente si se ajusta al modelo de evaluación continua y expondrá a los alumnos los correspondientes criterios de evaluación que tratarán de ajustarse, en todo caso, a los porcentajes de evaluación establecidos en esta Guía. El 20 % de la nota final se integra por las prácticas, basadas en el comentario crítico de un texto o de varios textos, indicados previamente por el profesor. La evaluación y seguimiento de las prácticas será explicada y fijada por el docente con la debida antelación y supondrá un porcentaje de la nota final de cada alumno, en atención a cómo se desarrolle la docencia durante el curso académico[48].

Se velará porque los criterios de evaluación generales, sin perjuicio de su posible ampliación o especificación por el profesor, serán los siguientes. La

48 Ya son diversos textos académicos los que se han publicado con casos y esquemas prácticos. El autor ha participado en alguno de ellos, como por ejemplo con ÁLVAREZ RODRÍGUEZ, I.; «Caso prácticos sobre el principio de no discriminación» en GIMÉNEZ SÁNCHEZ, I.; Y LÓPEZ CASTILLO, A.; *Instituciones y derecho de la Unión Europea: Volumen III. Casos prácticos*, Tirant lo blanch, Valencia, 2024, 3.ª edición, págs. 225-232; en ÁLVAREZ RODRÍGUEZ, I.; «El Gobierno y la Administración», en GARCÍA VITORIA, I.; GÓMEZ FERNÁNDEZ, I.; QUERALT JIMÉNEZ, A.; *Prácticas de Derecho Constitucional*, Tirant lo blanch, 2012, pp. 109-118. De otros autores puede verse SIMÓN CASTELLANO, P.; Y DORADO FERRER, J.; *Derecho Constitucional. Esquemas y casos prácticos para su estudio*, Colex, A Coruña, 2021.

correcta comprensión de las materias integradas en el programa de la asignatura. La correcta aplicación de tales conocimientos a cualesquiera de los supuestos prácticos planteados. La adquisición de la adecuada capacidad expositiva y razonadora de tales conocimientos: lenguaje jurídico adecuado, orden coherente y sistemático, argumentos oportunos y apropiados, contenidos suficientes. Y, finalmente, el seguimiento de cualquier actividad solicitada por el profesor y el cumplimiento de los plazos derivados de ella serán presupuesto también de la evaluación.

Respecto al cronograma, se prevé completar cada una de las lecciones en torno a dos-tres sesiones. Además, existen dos viernes docentes, donde también se imparte la asignatura. En el caso eventual de que la docencia presencial no pudiere ser satisfecha, la docencia se vehiculará mediante Microsoft Teams, herramienta de Campus Virtual. Aquellos alumnos que no pudieran conectarse a las sesiones en vivo podrán acceder asincrónicamente a las mismas porque se dejarán a su libre disposición en Campus Virtual. En todo caso, el profesor suministrará los materiales adecuados para que los alumnos puedan adquirir los conocimientos exigidos por la asignatura.

Por lo demás, la asistencia a clase es libre, voluntaria y opcional. Se recomienda a quienes asistan que dediquen media hora del día anterior a leer los contenidos que se explicarán posteriormente.

En cuanto a los recursos y materiales documentales y bibliográficos, se cree necesario que el profesor suministre los necesarios para encarar con solvencia el estudio de la asignatura. Se subirán a medida que avance el curso mediante Campus Virtual. En todo caso se recomienda estudiar siempre con referencia a un manual, el que le resulte más cómodo al alumno, unido a la consulta de Códigos de Derecho Constitucional. Para dichas consultas, se recomiendan los siguientes textos, sin perjuicio de lo que se dirá al finalizar este apartado. Ignacio Álvarez Rodríguez: *Elementos de Derecho Constitucional I*, Servicio de Publicaciones de la Facultad de Derecho, Madrid, 2020. Javier García Roca: *Lecciones de Derecho Constitucional*, Aranzadi, Cizur Menor, 2023. Luis López Guerra y otros: *Manual de Derecho Constitucional. La Constitución y las fuentes del Derecho Derechos fundamentales y garantías, Tomo I.* Tirant lo Blanch, 2022. Luis López Guerra: *La Constitución de España*, Tirant lo Blanch, Valencia, 2023, 2.ª edición. Luis María Díez-Picazo Giménez: *Ordenamiento constitucional español*. Tirant lo Blanch, Valencia, 2023, 2.ª edición. Óscar Alzaga Villaamil e Ignacio Álvarez Rodríguez. *Derecho Político español según la Constitución de 1978. Tomo I: Constitución y fuentes del Derecho*, Editorial Marcial Pons, Madrid, 7.ª edición, 2020. Juan María Bilbao Ubillos y otros. *Lecciones de Derecho Constitucional I*, Lex Nova, Valladolid, 2018, 4.ª edición; y Francisco Fernández Segado: *El sistema constitucional español*. Madrid. Dykinson, 1992.

También son aprovechables diversos recursos en línea, en forma de bases de datos jurídicas, todas ellas disponibles de forma gratuita mediante la Biblioteca digital de la UCM. Amén de Campus Virtual, destacan BOE.es, La Ley, Westlaw.es, Tirant on line, Iustel.es, y vLex Editorial Jurídica.

Huelga decir que son de capital importancia las tutorías. El horario de tutorías presenciales se fijará en los días lectivos que haya clase presencial, tanto en el despacho profesional del docente como atendiéndolas individual y colectivamente mediante Campus Virtual y plataformas pensadas para ello, tales como Microsoft Teams, Collaborate, así como mediante correo electrónico.

Se pretende ayudar a los alumnos mediante unos apuntes publicados por el servicio de publicaciones de la Facultad de Derecho de la UCM[49].

D. Derecho Constitucional II: Organización Constitucional y Territorial del Estado

Para abordar la asignatura es necesario esbozar un esquema que se atenga, en forma de guía docente, a las guías docentes-marco del Departamento de Derecho Constitucional[50]. En dicho documento figuran las principales áreas que se cubren, señaladamente el programa teórico y práctico, la metodología, el cronograma y las fuentes bibliográficas recomendadas para, junto a los conocimientos aprehendidos en la clase magistral, disponer de elementos válidos y contrastados que ayuden al alumno a consolidar lo aprendido en el aula y a ampliar horizontes.

Respecto al programa, cabe señalar que debe ser compacto y nutritivo desde la óptica intelectual. Según los planes de estudio consultados, la realidad dice que esta materia troncal se suele enseñar el segundo semestre del primer curso del Grado/Doble Grado[51]. Dicho con otras palabras, se explica, con carácter general, a alumnos de 18 años que apenas se han enfrentado de forma preliminar con el saber constitucional a nivel científico.

Hay que hacer saber al alumno que ya ha cursado Derecho Constitucional I, por lo que se le suponen algunos rudimentos básicos sobre la materia. Es por eso por lo que se señala en la Guía Docente correspondiente algunos objetivos más específicos en torno a la organización constitucional y territorial.

Como objetivos se establece, para los discentes, los siguientes. Respecto al *Módulo 1.°*: La organización constitucional, se pretende que el alumnado consiga describir y conocer la Jefatura del Estado español. Describir y entender el concepto de Democracia directa y democracia representativa. Conocer el proceso electoral español e identificar mínimamente sus elementos principales. Estudiar el Parlamento español. Conocer e identificar las principales funciones de las Cortes Generales: representativa, legislativa, control y presupuestaria. Definir la función ejecutiva: órganos y competencias. Conocer

49 *Vid.* Álvarez Rodríguez, I.; *Elementos de Derecho Constitucional I*, Servicio de Publicaciones de la Facultad de Derecho, UCM, Madrid, 2020.

50 *Vid.* https://derecho.ucm.es/curso-2022-2023-213. Último acceso: 6/9/2023.

51 *Vid.* https://derecho.ucm.es/. Último acceso: 9/9/2023.

los principios constitucionales del poder judicial. Describir mínimamente la composición y funciones del sistema judicial español. Conocer el Tribunal Constitucional español: naturaleza, composición y principales procedimientos de los que conoce.

Respecto al *Módulo 2.°*: La organización territorial, se pretende que el alumnado conozca el modelo territorial español: su origen, evolución y los principales problemas jurídico-políticos que presenta. Diferencie las diversas competencias según el modelo de la Constitución de 1978. Identifique las diversas relaciones que se suscitan entre el Estado y las CCAA. Conozca el Estatuto de Autonomía como norma institucional básica del modelo autonómico. Conozca las bases del modelo español de financiación autonómica.

En lo tocante al programa teórico que se proyecta, este estaría integrado por las siguientes lecciones.

Lección 1. La Corona

1. La Monarquía parlamentaria en la Constitución.
2. Funciones del Rey.
3. Inviolabilidad e irresponsabilidad regias. El refrendo.
4. Sucesión, Regencia y Tutela.

Lección 2. Derecho electoral

5. Democracia directa y representativa
6. El principio de representación política.
7. Los Partidos políticos
8. El sistema electoral.
9. El procedimiento y las garantías electorales.

Lección 3. Las Cortes Generales (I)

10. Las Cortes Generales como órgano de representación. El bicameralismo.
11. Organización interna y funcionamiento. Los Grupos Parlamentarios.
12. El estatuto jurídico de los parlamentarios.
13. La función representativa

Lección 4. Las Cortes Generales (II)

14. La función legislativa.
15. El procedimiento legislativo. Los procedimientos legislativos especiales.
16. La función presupuestaria.
17. La función de control.
18. Otras funciones.

Lección 5. El Gobierno y la Administración

19. Formación, composición y estructura del Gobierno. El nombramiento y cese del Gobierno.
20. Funciones del Gobierno.
21. La responsabilidad del Gobierno.
22. Los principios constitucionales de la Administración Pública.

Lección 6. El Poder Judicial

23. Principios constitucionales.
24. Organización y estructura.
25. Poder Judicial y Estado autonómico: la *administración* de la administración de justicia.
26. El Consejo General del Poder Judicial.
27. El Ministerio fiscal.

Lección 7. La organización territorial del Estado.

28. Origen y desarrollo histórico del modelo territorial español.
29. Las Comunidades Autónomas
30. Estructura institucional de las Comunidades Autónomas.
31. Distribución de competencias entre el Estado y las Comunidades autónomas. Tipos de competencias.
32. Financiación
33. Relaciones entre el Estado y las Comunidades autónomas:
    a) Coordinación, colaboración y cooperación.
    b) Conflicto.
    c) Control.
34. La autonomía local.

Respecto a los recursos bibliográficos, el estudio de la disciplina puede hacerse por el librito del profesor de la asignatura: Ignacio ÁLVAREZ RODRÍGUEZ; *Elementos de Derecho Constitucional II*, Servicio de Publicaciones de la Facultad de Derecho-UCM, Madrid, 2021. Como fuentes adicionales, se recomienda la consulta de los Manuales que aparecen explicitados en la Guía Docente referida arriba (siempre la última edición, se elija el que se elija). Por su claridad y concisión se recomienda especialmente el de Javier GARCÍA ROCA: *Lecciones de Derecho Constitucional*, Aranzadi, Cizur Menor, 2023. El de Luis LÓPEZ GUERRA; *La Constitución de España*, Tirant lo Blanch, Valencia, 2023, 2.ª edición; el de Luis María DÍEZ-PICAZO; *Ordenamiento constitucional español*, Tirant lo Blanch, Valencia, 2023, 2.ª edición; y el de Luis LÓPEZ GUERRA (y otros); *Derecho Constitucional*, volumen II, Tirant lo Blanch, Valencia, 2022.

Respecto del programa práctico, se propone al alumno la lectura del libro «Esto es agua», de David Foster Wallace y acudirán a las sesiones que se fijen de común acuerdo con el profesor, para discutir sus tesis en el aula y obtener la correspondiente calificación derivada de tres inputs: comprensión del texto, extracto de las principales ideas, valoración crítica.

En cuanto al sistema de evaluación, la calificación final de la asignatura se distribuye en los siguientes parámetros: el examen final computará un 80 %. El examen será del formato preguntas cortas, más una o dos preguntas de desarrollo. La práctica computará un 20 %, ateniéndose en cuanto a sus exigencias a las explicitadas arriba. Para la convocatoria extraordinaria de julio, se guardará la nota de prácticas a aquellos alumnos que la hayan entregado (en caso de que dicha nota sea positiva).

También aquí se entiende capital ofrecer tutorías al alumno, recordando que el profesor empleará Campus Virtual como herramienta docente para la gestión ordinaria de la asignatura. Las dudas se resolverán a través del correo electrónico. Si el alumno desea concertar una tutoría personal, debe contactar previamente con el profesor, quien se compromete a contestar en tiempo y forma.

Por lo demás, la asistencia a clase es libre, voluntaria y opcional. Se recomienda a quienes asistan que dediquen media hora del día anterior a leer los contenidos que se explicarán posteriormente.

El profesor desea poner a servicio de los alumnos unos apuntes editados por el servicio de publicaciones de la Facultad de Derecho de la UCM[52].

E. Derecho Constitucional III: Derechos Fundamentales y su Protección

La asignatura *Derechos Fundamentales* es una asignatura del segundo curso del Grado en Derecho y se imparte en el primer cuatrimestre. El estudio de la asignatura es básico para conocer los Derechos Fundamentales en nuestro ordenamiento jurídico y su evolución en el Derecho Internacional de los derechos humanos, singular y señaladamente el Convenio Europeo de Derechos Humanos.

Los conocimientos previos recomendados tienen que ver, lógica y obviamente, con los rudimentos básicos de Derecho Constitucional I (Constitución y Fuentes del ordenamiento Jurídico. Justicia Constitucional) y de Derecho Constitucional II (Organización Constitucional y Territorial del Estado).

52 *Vid.* Álvarez Rodríguez, I.; *Elementos de Derecho Constitucional II*, Servicio de Publicaciones de la Facultad de Derecho, UCM, Madrid, 2021.

Respecto del programa teórico, el aspirante cree que la materia a explicar debería ocupar los siguientes aspectos.

Lección 1: Concepto y naturaleza de los derechos fundamentales

1. El Título I de la Constitución. El criterio constitucional de clasificación de los derechos
2. La doble dimensión de los derechos fundamentales
3. Contenido esencial e interpretación de los derechos. Sus límites
4. La recepción del Derecho europeo
5. La titularidad de los derechos fundamentales. Los extranjeros como titulares de derechos

Lección 2: Las garantías de los derechos fundamentales

6. La eficacia directa de los derechos fundamentales
7. Las garantías institucionales y normativas
8. Las vías de protección por la jurisdicción ordinaria
9. La protección por el Tribunal Constitucional: el amparo constitucional
10. Suspensión y restricción de los derechos fundamentales
11. El sistema europeo de protección de derechos fundamentales.

Lección 3: La igualdad

12. La configuración de la igualdad como principio, valor y derecho subjetivo
13. Igualdad ante la ley, igualdad en la ley, igualdad en la aplicación de la ley
14. La prohibición de discriminación. Los criterios de razonabilidad y proporcionalidad
15. La discriminación positiva

Lección 4: Derechos de la esfera privada

16. Derechos a la vida y a la integridad física y moral
17. La libertad ideológica, de conciencia y religiosa
18. Derecho al honor, a la intimidad personal y familiar y a la propia imagen.
19. La inviolabilidad de domicilio, el secreto de las comunicaciones y la protección de datos
20. Las libertades de circulación y de residencia
21. La libertad de contraer matrimonio

Lección 5: Libertades de expresión e información

22. Libertad de expresión y derecho a la información. La prohibición de censura previa
23. La libertad de creación literaria, artística, científica y técnica

24. Libertad de creación de medios de comunicación
25. Límites a la libertad de expresión e información
26. El derecho de rectificación

Lección 6: Libertad personal e *ius puniendi* del Estado

27. Libertad y seguridad personales
28. Detención preventiva y derechos del detenido. La prisión provisional
29. El «habeas corpus»
30. El principio de legalidad penal
31. La potestad sancionadora de la Administración. Las garantías constitucionales en los procedimientos sancionadores

Lección 7: Derechos políticos y de participación ciudadana

32. El derecho de reunión
33. El derecho de asociación
34. El derecho de sufragio activo y pasivo
35. El derecho al ejercicio de los cargos públicos representativos y el derecho de igual acceso a las funciones públicas
36. El derecho de petición

Lección 8: El derecho a la tutela judicial efectiva

37. La tutela judicial efectiva según la Constitución: generalidades
38. El derecho a la tutela judicial efectiva
39. Las garantías procesales del artículo 24.2 CE

Lección 9: Derechos de la educación

40. El derecho a la educación y la libertad de enseñanza: generalidades
41. El derecho a la educación
42. La libertad de enseñanza
43. La autonomía universitaria

Lección 10: Libertades económicas y derechos laborales

44. Estado social y Constitución económica
45. El derecho de propiedad privada
46. Libertad de empresa y economía de mercado
47. Los derechos laborales

Lección 11: Principios rectores de la política social y económica

48. Los principios rectores de la política social y económica
49. Los debates en torno a su eficacia

Los grupos que van a recibir la docencia son advertidos de que la materia es prolija y sustancial, por lo que no es infrecuente que se deba priorizar algunos temas frente a otros. Se podrán utilizar no sólo las clases ordinarias y las tutorías sino también los llamados viernes docentes a tal fin. En el hipotético supuesto de que las autoridades ordenasen volver a un escenario de semi-presencialidad la enseñanza será bimodal, en base a la división del grupo en dos turnos realizada el día 2 de septiembre mediante Campus Virtual. El primer turno acudirá los lunes y el segundo turno acudirá los martes. En el supuesto de que la afluencia de alumnos no supere el aforo COVID establecido, el profesor podrá fusionar los dos turnos y funcionar con normalidad con el grupo completo, decisión que comunicará al Decanato. En el caso de que la docencia presencial fuera suprimida, la docencia se vehiculará mediante Microsoft Teams, herramienta que figura en nuestro Campus Virtual.

Respecto al sistema de evaluación, el examen supondrá el 80 % de la nota final. Se realizará por el alumno un examen en las fechas oficiales establecidas por la Facultad. Los exámenes reflejarán, a través de las modalidades diseñadas por el docente (test, preguntas cortas, preguntas de construcción-desarrollo, etc.), los conocimientos teórico-prácticos del alumno de acuerdo con el programa estudiado. El 20 % restante será objeto de una práctica. El alumno realizará un comentario de texto, indicado previamente por el profesor y subido a Campus Virtual. La actividad será explicada y fijada por el docente con la debida antelación y supondrá un porcentaje de la nota final de cada alumno.

Como criterios de evaluación generales, sin perjuicio de su posible ampliación o especificación por el profesor, se explicitan los siguientes. La correcta comprensión y aplicación de las materias integradas en el programa de la asignatura. La adquisición de la adecuada capacidad expositiva y razonadora de tales conocimientos: lenguaje jurídico adecuado, orden coherente y sistemático, argumentos oportunos y apropiados, contenidos suficientes. El seguimiento de cualquier actividad solicitada por el profesor y el cumplimiento de los plazos derivados de ella serán presupuesto también de la evaluación.

Respecto al cronograma, la asignatura se desarrollará a lo largo del primer cuatrimestre del curso académico correspondiente. Si se dieran situaciones similares a las ocasionadas por la COVID-19, las normas aprobadas por la Facultad de enseñanza semipresencial exigen su impartición por separado: Si la docencia presencial fuera suprimida, la docencia se vehiculará mediante Microsoft Teams. Aquellos alumnos que no pudieran conectarse a las sesiones en vivo podrán acceder asincrónicamente a las mismas porque se dejarán en Campus Virtual.

Por lo demás, el esquema general es el de impartir una lección en tres sesiones ordinarias. En el caso de que se desee profundizar o debatir especialmente alguna cuestión relativa al programa, se podrán emplear a tal fin los viernes docentes.

En cuanto a los recursos docentes, el profesor suministrará los recursos y materiales necesarios para encarar con solvencia el estudio de la asignatura, especialmente los esquemas que vehicularán las clases presenciales, mediante presentaciones de Power-Point que irá subiendo a Campus Virtual.

En todo caso se recomienda el estudio de la asignatura siempre en base a un manual, unido a la consulta de Códigos de Derecho Constitucional. No obstante, gracias a una experiencia de innovación docente, el profesor escribió y publicó unos apuntes esenciales sobre la materia: Ignacio ÁLVAREZ RODRÍGUEZ, *Lecciones de Derecho Constitucional III: Derechos Fundamentales*, Servicio de Publicaciones de la Facultad de Derecho, UCM, 2022.

Como bibliografía esencial adicional podríamos citar los siguientes títulos. Javier GARCÍA ROCA; *Lecciones de Derecho Constitucional*, Aranzadi, Cizur Menor, 2023. Luis María LÓPEZ GUERRA; *La Constitución de España*, Tirant lo Blanch, Valencia, 2023, 2.ª edición (pp. 33-68). Luis María LÓPEZ GUERRA (y otros); *Derecho Constitucional. Volumen I. El ordenamiento constitucional. Derechos y deberes de los ciudadanos*, Tirant lo Blanch, Valencia, última edición, lecciones 6-20 (ambas inclusive). Luis María DÍEZ-PICAZO GIMÉNEZ: *Sistema de derechos fundamentales*. Tirant lo Blanch, Valencia, 2021.

Como bibliografía complementaria podría resultar de utilidad acceder al libro de Yolanda GÓMEZ SÁNCHEZ, *Derechos fundamentales,* Cizur Menor-Navarra, Aranzadi, 2018.

Respecto a otro tipo de recursos, conviene reseñar que el profesor subirá a Campus Virtual aquellos materiales, artículos y reflexiones que nuestra realidad traiga, prestando especial atención tanto a las materias a enseñar como a si las plumas son de constitucionalistas. Además, se recomienda a los alumnos que se familiaricen con los diferentes recursos electrónicos que en forma de base de datos tienen a su disposición gracias a la Biblioteca complutense. Una selección de las mejores incluye a BOE.es, La Ley, Westlaw.es, Tirant on line, Iustel.es y vLex Editorial Jurídica.

El alumno de Grado suele necesitar cierto apoyo adicional, al menos en los temas menos agradecidos, en forma de tutorías. Se fija convenientemente un horario amplio y flexible para que puedan acudir, individual o grupalmente, al despacho del profesor y resolver las dudas pertinentes. Se procurará, en la medida de lo posible, fijar las tutorías los días lectivos de la asignatura, en horario anterior o posterior a las clases magistrales.

El profesor ha puesto a disposición de los alumnos unos apuntes esquemáticos que edita el servicio de publicaciones de la Facultad de Derecho de la UCM, bajo el título *Lecciones de Derecho Constitucional III. Derechos fundamentales*[53].

53 *Vid.* ÁLVAREZ RODRÍGUEZ, I.; *Lecciones de Derecho Constitucional III. Derechos fundamentales*, Servicio de Publicaciones de la Facultad de Derecho, UCM, Madrid, 2022.

Por lo demás, el aspirante desea hacer notar que a la hora de poder preparar los contenidos de las tres asignaturas referidas tuvo una excelente piedra de toque cuando uno de los *pesos pesados* de la disciplina, el profesor D. Óscar Alzaga, le ofreció participar en la actualización de su Manual, un clásico en el estudio del Derecho Político[54].

F. Derecho Constitucional e innovación docente

Es sabido y notorio que, al menos desde la creación e implementación del llamado Plan Bolonia (*circa* 2007, 2008), se ha hablado mucho de la «necesidad» de hacer de la innovación docente la piedra angular de las enseñanzas universitarias. En realidad, las principales competencias que debe tener un estudiante son las mismas que se exigen desde tiempos inmemoriales: saber leer, saber escribir y entender correctamente lo leído y lo escrito. A partir de ahí, podemos discutir lo que se quiera, pero no lo básico: por mucho que «gamifiquemos» los contenidos, «ludifiquemos» las materias, o hagamos cursos de «aprender a aprender», las esencias siguen ahí, incólumes.

Dicho lo anterior, se puede «innovar» respetando los arcanos del oficio de muy diversas maneras. Una de ellas es, simplemente, estar al cabo de la calle de las novedades legales y jurisprudenciales que se producen en nuestro ordenamiento. No es moco de pavo, con perdón de la expresión. Además, desde el ámbito internacional llegan cada vez más dictámenes y sentencias que debemos atender, señaladamente las que traen causa del ordenamiento de la Unión Europea, así como del establecido por el Consejo de Europa. Luxemburgo y Estrasburgo tienen, inevitablemente, sede en Madrid y no puede ser de otra manera, más allá de las peculiaridades de matiz que debieran introducirse en un análisis detenido de la cuestión y que ahora, por motivos obvios, no podemos abordar.

A título de ejemplo, permanece en el recuerdo las caras de asombro, de dolor y de preocupación de los alumnos cuando les contaba en clase lo que había sucedido en el *asunto Lacatus c. Suiza*, STEDH de 19 de enero de 2021, que, como es sabido, fue la primera vez que el Tribunal de Estrasburgo hubo de juzgar la mendicidad callejera no intrusiva (donde condenó a Suiza por vulnerar el derecho a la vida privada de una indigente romaní que vivía sola en la calle y que fue multada y posteriormente encarcelada cinco días por el mero hecho de pedir limosna en la vía pública). Merece la pena el esfuerzo.

Otra forma de innovar, que ya se ha aplicado por el candidato aspirante, es preguntar a los alumnos si la imagen y presencia del profesorado universita-

54 *Vid.* ALZAGA VILLAAMIL, Ó.; Y ÁLVAREZ RODRÍGUEZ, I.; *Derecho político español según la Constitución de 1978: Tomo II. Derechos fundamentales y órganos del Estado*, Marcial Pons, Madrid, 2021, 7.º edición; *y Derecho político español según la Constitución de 1978: Tomo I. Constitución y fuentes del Derecho*, Marcial Pons, Madrid, 2021, 7.ª edición.

rio en el aula era la adecuada o entendían que había *maneras y maneras*, lo cual dio pie a un pequeño trabajo que fue publicado en su día[55].

Una manera adicional «innovadora» ha sido implementada hasta en tres cursos académicos, con resultados satisfactorios a juzgar por la asistencia y participación de los alumnos (amén de su opinión anónima cuando le fue solicitada mediante una breve encuesta). Es la de hacerles leer un discurso universitario de alguien de renombre. El discurso universitario es un género literario en sí mismo, pero en España apenas se conoce (quizá porque apenas se practica). Los anglosajones son, para estas cosas, unos auténticos genios.

Las experiencias reales que se han propuesto han sido desarrolladas en torno a un libro (¿qué si no es la Universidad más que la reunión de maestros y alumnos en torno al libro?): «Esto es agua», escrito por David Foster Wallace, malogrado escritor que se suicidó joven, y que recoge el único discurso universitario que dio en su vida, en el Kenyon College en 2005[56].

El libro encierra enseñanzas cada vez que uno vuelve la página, pero una sobresale: si la educación sirve para algo es para que nos demos cuenta de que los otros existen y sienten y padecen. Para ser un poco menos arrogante y saber que buena parte de lo que creemos es fruto del autoengaño. Salir del yo, para ver más y mejor. A la par, alerta sobre los peligros de una educación excesivamente académica, intelectualizarlo todo y perderse en lo abstracto, en lugar de prestar atención a lo que pasa *delante* de nosotros y *dentro* de nosotros.

Después de cinco cursos académicos realizando la actividad, los alumnos demuestran una amplia satisfacción que, consecuentemente, animan al docente no sólo a seguir con la práctica sino a pensar en futuros títulos que pudieran interesarles pro-futuro. Así, se ha hecho una selección previa de diferentes discursos universitarios de escritores como Salman Rushdie, Neil Gaiman, George Saunders y Kurt Vonnegut, entre otros, que pueden resultar motivadores e interesantes para los alumnos[57].

---

55 *Vid.* Gilbaja Cabrero, E.; y Álvarez Rodríguez, I.; «Imagen y presencia del profesorado universitario en el aula», *Revista Docencia y Derecho*, n.º 12, 2018, pp. 1-11.

56 *Vid.* Foster Wallace, D.; *Esto es agua. Algunas ideas, expuestas en una ocasión especial, sobre cómo vivir con compasión*, Random House, Barcelona, 2014.

57 Ver, respectivamente, Rushdie, S.; «Discurso de graduación en la universidad nova southeastern, 2006», y «Discurso de graduación en la Universidad Emory, 2015», ambos recopilados en su libro *Los lenguajes de la verdad*, Seix Barral, Barcelona, 2023; Gaiman, N.; «Cread arte del bueno», recogido en su *La vista desde las últimas filas*, Malpaso Ediciones, Barcelona, 2017; Saunders, G.; *Felicidades, por cierto. Algunas reflexiones sobre la bondad*, Seix Barral, Barcelona, 2020; y Vonnegut, K.; *Que levante mi mano quien crea en la telequinesis y otros mandamientos para corromper a la juventud*, Malpaso Ediciones, Barcelona, 2014.

G. Derecho Constitucional y enseñanza docente

Es sabido que existe a día de hoy un profuso debate entre diferentes posturas pedagógicas, que podríamos subsumir en dos grandes categorías. Por un lado, existiría la visión tradicional, que cimenta sus lecciones en torno a la llamada «clase magistral». El profesor acude al aula a exponer los conocimientos pertinentes y los alumnos intentan aprehenderlos. Gran protagonismo del primero y escaso de los segundos. Acaso alguna pregunta aislada a lo largo de la exposición o, quizá, al finalizar la misma. Por otro lado, tendríamos el modelo opuesto, donde siguiendo técnicas como la de «flipped classroom», los alumnos participan en la generación del conocimiento que, las más de las veces, deberán exponer frente al resto de colegas. El profesor hará las veces de maestro de ceremonias en el mejor de los casos y de animador/dinamizador social en el peor.

Quizá ahora tendría que venir una frase que dijera algo así como que el mejor de los sistemas es aquel que mezcle ambas filosofías, pero el aspirante estaría mintiendo y, todavía peor, engañaría a quienes leyeran esto. La clase debe ser impartida por el profesor. Es en él en quien recae la responsabilidad de hacerlo. A partir de ahí, la lección debe ser impartida con todo el dinamismo que la materia permita y empleando los recursos de todo orden que estime necesarios. Pondremos el ejemplo que venimos siguiendo ya en estos más de dieciséis años dedicados a la labor docente. Algo así como una «clase-tipo».

En primer lugar, se advierte al alumnado el primer día de clase de que la asistencia no es en absoluto obligatoria. Con eso se suele producir una criba importante, pues los que vuelven los días siguientes suelen venir durante el resto del cuatrimestre.

En segundo lugar, se les ofrece la posibilidad de estudiar desde el primer minuto las *Lecciones* a las que hemos hecho referencia más arriba. Se les recomienda el estudio por un Manual, siempre actualizado, para cotejar, pulir, aumentar o corregir aquellas lagunas o errores que, por lo demás, suelen aparecer cuando se habla en vivo y en directo. Asimismo, se les sube a Campus Virtual un fichero en formato Power-Point con el contenido esencial de cada lección. De esa manera tienen los materiales para encarar el estudio previo a la clase.

En tercer lugar, me encargo de iniciar la clase con ritmo suave y pausado (sobre todo si empezamos a las 8.30 h, como suele ser costumbre en los grupos en los que profeso), preguntando cómo están o comentando la última noticia de «rabiosa actualidad». A partir de ahí, empiezo con la lección que toque. Lo hago intercalando el discurso oral con otros recursos. Al disponer de ordenador en el aula, acostumbro a poner videos (deben ser cortos, pues la atención tiende a dispersarse pasado cierto tiempo, cada vez menor). Pondré dos ejemplos.

El primero tiene que ver con la explicación de aspectos concretos del programa, por ejemplo, las preguntas parlamentarias como mecanismo de control. Primero expongo brevemente desde la óptica teórica en qué consisten y cómo se formulan y responden. Acto seguido, selecciono alguna sesión de control al Gobierno reciente y elijo una pregunta que deba responder el Presidente del Gobierno, formulada por miembros destacados de la oposición. Se hace esto porque somos conscientes de que la cultura mediática privilegia ese tipo de «política-espectáculo» pues, como viene a decir el filósofo complutense José Luis Pardo, discutir la enmienda quinientos cincuenta y tres a las siete de la tarde en la Comisión de Agricultura no es interesante para (casi) nadie[58].

El segundo ejemplo tiene que ver con la lectura. Se dice que hoy apenas se lee y se escribe, tanto menos los jóvenes. Me temo que esto es falso. Nunca en la historia de la humanidad se ha leído y escrito tanto; cuestión diferente es el qué. Por tanto, parte del trabajo está hecho, pues se cimentará sobre esa base de «lectoescritura». Esa mañana quizá se haya publicado una tercera de *ABC* interesante. O una cuarta página de *El País* que no sea demasiado sectaria. Si tienen que ver con la asignatura —y sospecho que, lato sensu, todo tiene que ver con el Derecho Constitucional— se les distribuye o se pone en pantalla (hizo mella el discurso apocalíptico sobre el cambio climático). O algún artículo interesante de Alberto Olmos, de Andrés Trapiello o de quien ese día haya tenido a bien ilustrarnos. Todo suma. En clase les entrego el artículo en cuestión y lo abordamos juntos, primero leyendo en silencio, luego exponiendo tesis, antítesis, y síntesis para, finalmente, intentar hacer una valoración crítica de conjunto.

En cuarto lugar, suelo finalizar la sesión con una batería de preguntas y respuestas. A veces son más las preguntas y otras son más las respuestas. Siempre desde la honestidad académica y la humildad intelectual. Si de algo me ha servido mi experiencia universitaria es para constatar, como dijo el clásico, que no sé nada y que lo intento enmendar cada día (sin aparentes resultados). Estos son, en resumidas cuentas, los cuatro pilares que empleo para dar una clase.

Una última precisión es necesaria. Creo que es esencial guardar ciertas formas en el aula, aunque a veces sea complicado por mor de que el Derecho Constitucional está íntimamente relacionado con el poder político (normalmente, para limitar las veleidades de quienes lo ocupan). Me refiero al hecho de que la enseñanza se emplee como vehículo para adoctrinar y no para transmitir conocimientos. De ahí que hasta aquí hayamos hablado bastante más de enseñanza que de pedagogía.

---

58 *Vid.* PARDO, J. L.; *Estudios del malestar. Políticas de la autenticidad en las sociedades contemporáneas*, Anagrama, Barcelona, 2016, passim.

Siguiendo a Revel, hablar del comportamiento pedagógico encierra más una dimensión normativa que descriptiva. Cómo es la realidad y cómo comportarse en ella tiene más que ver con la primera, mientras que la educación como transmisión de conocimientos se subsumiría en la segunda. Educación frente a instrucción. La enseñanza jamás ha sido neutral, cierto es, y no menos cierto es que todos estamos bajo el influjo inconsciente de nuestra ideología, pero es preferible equivocarse siguiendo el camino correcto que no acertar de pleno transitando el equivocado. Intento poner a disposición de los jóvenes la información y dejo que juzguen con libertad. Siempre que algún alumno me pregunta mi opinión se la doy —a todos a la vez, en realidad— previa advertencia: es justamente eso, una opinión, que no vale ni pesa más o menos que la de cualquiera[59].

H. Derecho Constitucional y Tribunal Europeo de Derechos Humanos

España está sometida a los tratados internacionales de derechos humanos y a la interpretación que hagan de ellos sus órganos de protección. Dicho con otras palabras, quedamos sometidos a la jurisdicción tanto del Tribunal de Justicia de la Unión Europea (Luxemburgo) como del Tribunal Europeo de Derechos Humanos del Consejo de Europa ((Estrasburgo).

Desde el punto de vista docente es interesante introducir las sentencias de ambos tribunales por dos motivos. En primer lugar, porque suelen tener la última palabra sobre el litigio en cuestión. En segundo lugar, porque ofrecen criterios interpretativos en ocasiones innovadores y, por ende, estimulantes para los alumnos.

No obstante, nosotros hemos hecho hincapié en la jurisdicción de Estrasburgo porque es la que, dentro de la ignorancia, es la que menos desconocemos por haberle dedicado un número de horas nada desdeñable, en el marco de estudios, estancias de investigación y monografías sobre el particular. El TEDH dicta tantas sentencias, debe hacer frente a tantos casos, que algunos autores han acuñado la expresión «morir de éxito» para definirlo. Quizá no les falte razón.

Ahora interesa saber cómo implementamos el conocimiento que viene de la lectura y análisis. Y la verdad es que la ecuación es sencilla. Hacemos breves fichas bibliográficas donde exponemos el caso y lo subimos en PowerPoint al hilo de las lecciones que toque enseñar. A continuación exponemos algunas de ellas, para solaz del lector curioso.

59 REVEL, J-F.; *El conocimiento inútil*, Página Indómita, Barcelona, 2022 (1.ª edición original: 1988), p. 381 y ss.

1. Caso *Lorenzo Bragado y otros c. España*, Quinta Sección. STEDH de 22 de junio de 2023. Condena por vulnerar el artículo 6 CEDH: derecho de acceso a un tribunal.

Seis magistrados forman parte de la lista definitiva de candidatos a vocales del CGPJ, que se encuentra en funciones. La renovación depende del Parlamento, pero este, iniciados los trámites, no acaba de decidir en ningún sentido. Ante tal extremo, los candidatos interponen amparo ante el TC, que inadmite a trámite por haberse planteado fuera de plazo, sin examen de fondo. Los recurrentes llegan a Estrasburgo y el TEDH dictamina la violación del artículo 6 CEDH, por violación del derecho de acceso a un tribunal. El fallo se acuerda por cuatro frentes tres, con el voto concurrente de la Juez Elósegui y el voto disidente de los jueces Ranzoni, Guyomar y Gnatovsky.

Debe hacerse notar que la condena se produce mediante cita profusa de la STEDH de Gran Sala de 15 de marzo de 2022, recaída en el asunto Grzeda c. Polonia, que tenía que ver precisamente con el «CGPJ polaco». También es reseñable que en el voto concurrente de la Juez Elósegui se recuerda que en los últimos tiempos han entrado docenas de casos que tienen que ver con el Poder Judicial de los diferentes Estados, señaladamente jueces que alegan vulneración de sus derechos fundamentales. Por último, los jueces disidentes creen que el TEDH ido más allá de lo que debería ser su función, defendiendo un mayor margen de apreciación nacional del que procura Estrasburgo.

2. Caso *Osman y Altay c. Turquía*, Segunda Sección, STEDH de 18 de julio de 2023. Condena por vulnerar el artículo 10 CEDH: libertad de expresión, en concreto el derecho a recibir ideas e información.

Dos presos, recluidos en dos prisiones diferentes, vieron cómo las autoridades penitenciarias les negaban el acceso a cuatro números de una revista remitidos vía postal (no fueron comprados ni gestionados por dichas autoridades). Recurren la decisión en vía nacional, llegando al TC turco, quien inadmite a trámite por entender la demanda manifiestamente infundada. Llegan a Estrasburgo, donde se les da la razón y se declara lesionada la libertad de expresión de ambos, dado que el Gobierno no consigue demostrar que la medida limitante era necesaria en una sociedad democrática. Las autoridades penitenciarias no consiguen ofrecer razones relevantes o suficientes para su proceder. Es de señalar que Estrasburgo decide en diálogo con el TC turco, quien en un caso anterior había desgranado los motivos que podrían obedecer a dicha limitación y que, en el caso de autos y siempre según la mayoría, brilló por su ausencia (por ejemplo: la licitud de retener publicaciones no por su eventual contenido peligroso sino por su recepción ilegal).

Dos jueces, entre ellos el representante por Turquía, adjuntan voto disidente común donde discrepan del parecer mayoritario porque entienden que establecer requisitos para acceder al correo de presos tiene que ver con el margen de apreciación nacional. Además, en este caso concreto los demandantes no alegan ni un mal funcionamiento del sistema de compra exterior de publicaciones a través de las autoridades penitenciarias, ni un fallo de las bibliotecas de los establecimientos penitenciarios, ni, en definitiva, un fallo por parte de las autoridades penitenciarias.

3. Caso *Camara c. Bélgica*, Segunda Sección, STEDH de 18 de julio de 2023. Condena por vulnerar el artículo 6 CEDH, derecho a un juicio justo.

Un ciudadano extranjero solicitante de asilo en Bélgica ve cómo las autoridades nacionales eluden cumplir con la exigencia, establecida por la norma nacional, de proveerle de alojamiento y cobertura de sus necesidades básicas. La orden llegó a ser inmediata y establecida en sede judicial nacional. Hasta el TEDH, en base a sus Reglas de Procedimiento, impuso al Gobierno belga la necesidad de tomar medidas cautelares urgentes en aras de dar apoyo material al recurrente. El TEDH condena por unanimidad porque observa que no se produjo un «mero» retraso en el cumplimiento de su obligación sino un «claro rechazo» a cumplir las órdenes impuestas por los propios tribunales nacionales.

4. Caso *Kovacevic c. Bosnia-Herzegovina*, Cuarta Sección, STEDH de 29 de agosto de 2023. Condena por violación del artículo 1 del Protocolo 12, prohibición de discriminación.

Un ciudadano bosnio no puede votar en las elecciones legislativas y presidenciales por la combinación de una serie de requisitos que combinan criterios territoriales con étnicos. No declara su afiliación respecto a ninguno de los llamados «distritos populares» (bosnios, croatas y serbios). Tanto en las elecciones parlamentarias como en las presidenciales no pudo votar a los delegados serbios, por lo que el TEDH entiende que se ha producido una lesión discriminatoria, decisión adoptada por seis contra uno.

La juez por Austria, Kucsko-Stadlmayer, de origen académico y experta en Derecho Constitucional y Administrativo por la Universidad de Viena, expone las razones de su discrepancia en el voto disidente, que podríamos resumir en una: la solución que tenga que venir tiene que ver con factores estructurales de la región, donde el propio TC de Bosnia-Herzegovina podría aplicar las garantías convencionales cuando lo estimase necesario. Conviene no orillar, dirá la Juez, el principio de subsidiariedad, que forma parte del Preámbulo de la Convención desde agosto de 2021.

5. Caso *Verzilov y otros c. Rusia*, Tercera Sección, STEDH de 29 de agosto de 2023. Condena por vulnerar el artículo 3 CEDH, la prohibición de tortura, procesal y materialmente (no investigarlas lo suficiente y trato degradante) y por vulnerar el artículo 10 CEDH, la libertad de expresión.

Se produce un ataque violento por parte de unos cosacos a las integrantes de la banda Pussy Riot durante una actuación en vivo, que el TEDH entiende superan el umbral de gravedad convencional (fustazos, zarandeos violentos). Las autoridades no llevaron a cabo una investigación efectiva capaz de conducir a la identificación y castigo de los responsables, máxime cuando mediaban motivos políticos y religiosos para el ataque. El TEDH entiende que dicho ataque resulta atribuible al Estado demandado, quien además no veló adecuadamente por garantizar que el uso de la fuerza por parte de los cosacos en el desempeño de ese servicio no regulado por la legislación nacional se empleara correctamente. No hubo ninguna evaluación de su aptitud, capacitación o supervisión. De hecho, al TEDH le resulta llamativa la pasividad de los agentes de policía en el lugar de los hechos, lo que indica connivencia o aquiescencia por parte de las autoridades.

Además, el TEDH sentencia la vulneración de la libertad de expresión de las integrantes agredidas, pues tales agresiones constituyeron una interferencia ilegal y desproporcionada en tal derecho. Rusia es responsable de regular apropiadamente las actividades de los cosacos y de su formación y supervisión a fin de proteger adecuadamente a las personas contra los malos tratos, en particular cuando ejercen la libertad de expresión.

6. Caso *M.A c. Italia*, Primera Sección, STEDH de 31 de agosto de 2023, condena por vulnerar el artículo 3 CEDH en su vertiente sustantiva: aplicación de tratos inhumanos.

El asunto tiene que ver con una menor no acompañada que solicita asilo en Italia, con la particularidad de que alega haber sido abusada sexualmente. Se la ingresa durante ocho meses en un centro de acogida sin servicio de asistencia psicológica apropiada. Tal extremo le resulta el TEDH suficiente para condenar a Italia por haber cometido un trato inhumano, dada la prolongada inacción de las autoridades nacionales a la hora de prestar la ayuda que la menor, «particularmente vulnerable», requería.

7. Caso *Begirova y otros c. Azerbaiyán*, Primera Sección, STEDH de 31 de agosto de 2023. Condena por vulnerar el artículo 1 del Protocolo 1, derecho a la propiedad privada.

Se discute si la expropiación forzosa de varias tierras a diferentes dueños se atiene al Convenio. Las autoridades nacionales obviaron algunos requisitos que establecía la propia legislación interna para proceder de tal manera, lo que le resulta suficiente al TEDH para condenar.

8. Caso *C. c. Italia*, Primera Sección, STEDH de 31 de agosto de 2023, condena por vulnerar el artículo 8 CEDH.

Se discute sobre la inscripción registral en Italia de un niño nacido por gestación subrogada en Ucrania. El registro italiano se negó a inscribir al niño mediante el certificado de nacimiento extranjero donde se reconocía como padres al padre biológico y a la madre intencional, sin que las autoridades ofrecieran solución alternativa. El padre biológico cambió de domicilio y lo intentó en el nuevo registro, cosechando una nueva negativa sin indicarle alternativa. Se dictamina la condena por vulnerar el artículo 8.1 CEDH.

El TEDH tiene dicho que el artículo 8 CEDH exige que la ley nacional prevea un procedimiento para el reconocimiento legal del niño nacido fuera de sus fronteras, especialmente si el padre intencional es el padre biológico (como era el caso). De lo contrario, se lesiona el derecho a la vida privada del menor. No obstante, los medios que elija cada Estado entran dentro de su margen de apreciación, dado que no hay consenso europeo en la materia.

El TEDH insiste en que cuando la relación esté en riesgo, el Estado debe tener una diligencia especial a la hora de procurar un «pronto» y «efectivo» resultado a la hora de garantizar el interés superior del menor, al menos en dos aspectos. Uno, el procedimiento debe estar enfocado a garantizar los derechos del niño y su bienestar, libre de excesivos formalismos. Y dos, los tribunales nacionales deben cooperar con las partes indicándoles las posibles soluciones legales.

Las autoridades fracasaron a la hora de cumplir su obligación positiva de asegurar el derecho a una vida privada, de ahí la condena.

9. Asunto *Mariya Alekhina y otros c. Rusia* (n.º 2), de 28 de noviembre de 2023.

Integrantes del grupo de punk «Pussy Riot» intentan registrar una asociación en Rusia, lo que es denegado por las autoridades encargadas del Registro de Asociaciones. Las integrantes recurren a los tribunales, quienes sentencian que no se ha vulnerado derecho alguno. En demanda de amparo internacional ante el TEDH, Estrasburgo entiende que se ha producido la violación del artículo 11 CEDH porque la jurisdicción nacional no ofreció razones suficientes ni convincentes para denegar la inscripción.

10. Asunto *Tadic c. Croacia*, de 28 de noviembre de 2023.

El caso se refiere a un proceso penal en el que el demandante fue declarado culpable de conspirar con varias personas con el objetivo de influir en el Tribunal Supremo, mediante el pago de una suma de dinero, para emitir una decisión favorable a un político conocido que estaba siendo juzgado por un crimen de guerra. El demandante se quejó de que el TS, que actuaba en su caso como tribunal de apelación, no había sido imparcial debido a las circunstancias que rodeaban a su presidente, quien había testificado previamente. También se quejó de que la publicación en los medios de comunicación, dos meses antes de que la Corte Suprema adoptara una decisión en su caso, de grabaciones telefónicas realizadas por la Agencia de Inteligencia de Seguridad, presionó a los jueces del TS para confirmar su condena y violó su derecho a la presunción de inocencia.

El TEDH declara que no se ha violado el artículo 6, ni en su apartado 1 ni el en 2. El testimonio del presidente no fue la «única» evidencia para fundamentar su condena ni «decisiva» para el resultado de su caso. Al demandante se le dio la oportunidad de interrogar al Presidente y de alegar contra el Presidente en la apelación contra la sentencia del tribunal de primera instancia.

Los jueces del Tribunal Supremo que examinaron las apelaciones del solicitante eran suficientemente libres e independientes del Presidente por lo que la falta de imparcialidad no estaba objetivamente justificada.

El TEDH insiste en que la mera publicación de grabaciones telefónicas del demandante por la Agencia de Inteligencia de Seguridad no vulnera su derecho a un juicio justo. Los jueces del Tribunal Supremo son jueces profesionales altamente experimentados y entrenados para ignorar cualquier sugerencia externa al juicio. La condena se confirmó estrictamente sobre diferentes pruebas entre las que no estaban las grabaciones impugnadas.

11. Asunto *Georgian Muslim Relations y otros c. Georgia*, de 30 de noviembre de 2023.

Se ventila la posible discriminación por motivos religiosos, en conexión con el derecho a la vida privada, y la eventual quiebra del derecho de propiedad. El TEDH entiende que se ha incumplido la obligación positiva de proporcionar protección adecuada a los demandantes contra acciones ilegales de turbas, discursos de odio y otras acciones discriminatorias por parte de particulares que impiden abrir un internado musulmán El TEDH dictamina el comportamiento discriminatorio junto con la inactividad policial, creando sentimientos de miedo e inseguridad y evitando que los solicitantes abrieran el internado. Los demandantes fueron insultados y amenazados debido a sus creencias religiosas. Dicta la falta de investigación efectiva e identificación y sanción de los responsables, amén de una investigación penal deficiente y prolongada que contribuyó a un ambiente de aquiescencia oficial y generó un sentimiento general de impunidad. Para el TEDH no se establece suficientemente si el prejuicio religioso desempeñó un papel en los eventos impugnados, así como observa el efecto acumulativo de la inacción para detener el comportamiento discriminatorio y las deficiencias en la investigación.

También se vulnera el derecho de propiedad en su vertiente de goce pacífico de posesiones, porque la asociación no pudo utilizar durante un período significativo un edificio alquilado para la apertura del internado. Además, constata el TEDH la ausencia de medidas rápidas por parte de las autoridades nacionales para detener el bloqueo de la escuela y conectar el edificio al sistema de alcantarillado público.

12. Asunto *F.S c. Croacia*, de 5 de diciembre de 2023.

El asunto tiene que ver con la expulsión de un extranjero de Croacia. Se le expulsa por motivos de seguridad nacional sin motivación y sobre la base de información clasificada no revelada al solicitante. Tampoco se le ofrecen garantías o compensación por ello. Se incumplen, a juicio del TEDH, las salvaguardias procesales relacionadas con la expulsión de extranjeros y por ello declara la vulneración del artículo 1 del Protocolo 7 al CEDH.

13. Asunto *Timpau c. Rumanía*, de 5 de diciembre de 2023.

La demandante se quejó de que la negativa de los tribunales nacionales a examinar sus objeciones a la decisión de un arzobispo de retirar su respaldo para trabajar como profesora de religión, lo que resultó en la terminación de su empleo, violó sus derechos de acceso a un tribunal y el respeto de su vida privada.

El TEDH entiende que no se ha vulnerado su derecho a la vida privada. Reconoce que el alcance de los derechos es limitado por el deber contractual de lealtad hacia la Iglesia Ortodoxa, así como las correspondientes restricciones profesionales y disciplinarias. Entiende que las consecuencias de la terminación del empleo, aunque muy graves, no son excesivas. Además, se consideraron todos los factores relevantes y se ponderaron los intereses en liza dentro de los límites impuestos por la necesidad de respetar la autonomía de la Iglesia. A la luz de lo anterior, e invocando el margen de apreciación nacional, las conclusiones de los tribunales nacionales no fueron irrazonables y la injerencia en el derecho fue proporcional.

Tampoco cree violado el derecho a un tribunal. La negativa de los tribunales nacionales a revisar la legalidad de la decisión del arzobispo por falta de jurisdicción, dada la estructura legal general y la jurisprudencia nacional existente, no fue arbitraria ni manifiestamente irrazonable. Recuerda el TEDH que la norma nacional atribuye jurisdicción exclusiva de los tribunales eclesiásticos a esta materia.

14. Asunto *Ilerde y otros c. Turquía*, 5 de diciembre de 2023.

El asunto tiene que ver con una demanda por condiciones inadecuadas de detención de los demandantes, en particular el hacinamiento (posible violación del artículo 3 CEDH). Dos demandas adicionales cuestionan que los demandantes estén en institucionales penales remotas, lo que supuestamente resultó en que esos solicitantes recibieran menos visitas de sus familias (posible violación del artículo 8 CEDH).

Respecto a la primera queja, el TEDH declara que se ha violado el precepto por estar hacinados en un espacio personal inferior a 3 m2, pero no cuando este es entre 3 y 4m2 o superior a este. Además, dormir en un colchón en el suelo, por sí solo o en conjunto con otros aspectos materiales de la detención, no constituye un trato degradante o inhumano.

Respecto a la segunda queja, el TEDH declara vulnerado el precepto. No se ofrecen razones suficientemente convincentes al preso de por qué se le traslada a una cárcel más alejada, como tampoco existen medidas alternativas para compensar la menor cantidad de visitas familiares.

15. Asunto *H.A. c. Reino Unido*, de 5 de diciembre de 2023.

Se ventila si la expulsión del demandante ha vulnerado el artículo 3. El TEDH entiende que la deportación de una persona apátrida de origen palestino a un campo de refugiados en el Líbano no es, per se, una violación del Convenio. No hay pruebas de daño grave para el demandante ante posibles intentos de ser reclutado por grupos armados extremistas si era devuelto al campo de refugiados.

16. Asunto *Waldner c. Francia*, de 7 de diciembre de 2023.

Se declara lesionado el artículo 1 del Protocolo 1. Un abogado denuncia que ha aumentado su base imponible de forma desproporcionada, bajo el argumento de no haber sido miembro de una asociación de gestión aprobada por la administración fiscal. Tal extremo, a juicio del TEDH, no constituye «base razonable» para hacer tal cosa, ya que es contrario a la filosofía general del sistema basado en las declaraciones del contribuyente presumiblemente hechas de buena fe y correctas. La tasa de aumento del 25 % conlleva una carga financiera desproporcionada, rompiendo el justo equilibrio que debe existir entre los imperativos del interés general y la preservación de los derechos fundamentales del individuo.

17. Asunto *V c. República Checa*, de 7 de diciembre de 2023.

Se discute sobre la violación del artículo 2, tanto sustancial como procedimentalmente. Un paciente de hospital psiquiátrico fallece tras repetidos disparos con pistolas táser por parte de la policía y después de que una enfermera le administrara un tranquilizante. La autopsia reveló arritmia cardíaca como causa inmediata de la muerte. El TEDH sentencia la violación de la norma.

Respecto al aspecto sustantivo, el TEDH cree que las autoridades fallaron a la hora de proteger la vida del finado. En primer lugar, podría haberse previsto razonablemente que podría volverse psicótico o violento al ser ingresado. En segundo lugar, el personal médico no informó a los policías sobre su condición, su salud, ni sobre su estado de agitación. En tercer lugar, la posición prona utilizada para la contención podría llevar a la asfixia posicional, y se cuestionaba si el *taseo* subsiguiente era absolutamente necesario. El Estado falló en su obligación positiva de brindar atención adecuada y preservar la vida. El TEDH cree que el marco legal nacional sobre el uso de táser no especificaba sus condiciones de uso en personas con trastornos mentales. No se cumplió el requisito de cooperación entre policías y sanitarios. El Estado no aseguró el derecho a la vida al no establecer un marco adecuado para la coordinación entre ambos y al omitir abordar los riesgos para la salud asociados con el uso de táser en personas con trastornos mentales.

Respecto al aspecto procedimental, la investigación oficial fue rápida, pero adoleció de omisiones y deficiencias, según el TEDH. No se aisló e interrogó a los policías involucrados ni tampoco se analizó suficientemente el intercambio de información entre policías y médicos. Constata el TEDH que los expertos no tuvieron en cuenta la posible interacción entre la medicación y el uso del táser. A juicio del TEDH, la investigación no estableció adecuadamente las circunstancias ni identificó a los responsables.

18. Asunto *Naskov y otros c. Macedonia del Norte*, de 12 de diciembre de 2023.

Se discute la lesión del Artículo 1 del Protocolo 1, en concreto el goce pacífico de propiedades y posesiones. El TEDH condena al Estado por violarlo.

Se anula de oficio la orden de restitución final que confiere a los solicitantes el título de propiedad de un terreno, debido a la imposibilidad legal y fáctica de hacerla cumplir debido a que terceros han construido estructuras en el terreno en el ínterin. El TEDH entiende que tal injerencia viola el principio de legalidad y el principio de conocimiento anterior previsible, ambos exigidos por el Convenio.

19. Asunto Stefan *Gabriel Mocanu y otros c. Rumanía*, de 12 de diciembre de 2023.

El TEDH declara que el artículo 46 CEDH no impide examinar las demandas planteadas después de que las autoridades nacionales ejecutasen un primer pronunciamiento del TEDH. Por ello, observa que se han lesionado los artículos 2 y 3 CEDH, en su faceta procedimental. La primera sentencia convencional obligaba a abrir nueva investigación, treinta años después de la investigación original, porque se habían anulado ciertos actos procesales y excluido determinadas pruebas. La investigación presentó deficiencias y carencias que perjudicaron su calidad y comprometieron la capacidad de las autoridades, por un lado, para determinar si el uso de la fuerza estaba justificado o no, y, por otro lado, para identificar a los responsables de los eventos y, en su caso, sancionarlos.

I. Índices de calidad

No es novedad ni sorpresa decir que los profesores de universidad estamos sometidos a control diario de forma horizontal (por nuestros pares mediante diferentes mecanismos, agencias y negociados) y vertical (por nuestros jefes, superiores, cargos académicos, y alumnos). Una forma de control que existe en las Universidades públicas es la de las encuestas al alumnado. Otra suele tener que ver con el programa *Docentia*, implantado también en el tejido universitario público y que pretende ser una evaluación en profundidad de los servicios docentes prestados por el profesor durante un tiempo prolongado y determinado, aproximadamente de tres años. En resumidas cuentas: todos los años debemos someternos a las Encuestas, mecanismo donde el profesor solo elige qué grupos de los que tiene asignados serán los que respondan a la encuesta creada por el negociado universitario oportuno (léase: sin control ninguno por parte del profesor).

Atendiendo a los resultados obtenidos no se puede decir que haya ido especialmente mal. Los alumnos que responden suelen manifestarse satisfechos en cuanto a las clases, a los materiales y a la relación con el profesor. Para ilustrar tales asertos, existen recientes encuestas donde se evalúa mi dedicación, así como los resultados de las dos evaluaciones Docentia a las que me he sometido, misteriosamente en ambos resueltas con la calificación de «Excelente».

5

PROYECTO INVESTIGADOR

Las convocatorias para los cuerpos docentes suelen exigir que se presente un proyecto investigador en términos muy parecidos a los que siguen: «En el caso de que la convocatoria incluya actividades investigadoras a desarrollar, el proyecto investigador versará sobre estas últimas. En otro caso, el proyecto investigador estará relacionado con las líneas relacionadas con el área de conocimiento a la que está adscrita la plaza».

La plaza a la que se aspiraba tenía como perfil investigador: «Igualdad y derechos fundamentales», por lo que el proyecto que finalmente se ha pergeñado y que se expone en las siguientes páginas gravitará en torno a dicha cuestión, por lo demás quizá demasiado amplia; en consecuencia, se ceñirá a cuestiones concretas. Pero antes de acometer la tarea, debemos hacer algunas precisiones previas.

El proyecto investigador que se presenta a continuación tiene tres grandes divisiones. La primera alude al enfoque y método desde un punto de vista general. La segunda explicita algunas peculiaridades y características del investigador en Derecho Constitucional. La tercera tiene que ver con las investigaciones que se han abordado hasta la fecha, con especial realce de las inquietudes intelectuales plasmadas en libros o, en sinónimo moderno, monografías. Finalmente se expone alguna línea de investigación que nos gustaría acometer en el corto, medio y largo plazo.

A. Enfoque y método: cuestiones generales

En este apartado se esbozarán las cuestiones generales en torno al enfoque y método que se defiende en el presente proyecto y que constituye la base de la investigación en Derecho Constitucional.

En mi modesta forma de verlo, el Derecho Constitucional es más un arte o una tecnología, antes que ciencia[60]. Lo cual no quiere decir, va de suyo, que no sea aprehensible y cognoscible mediante el esfuerzo y cultivo intelectual. Decir Derecho Constitucional es decir convivir de manera razonable los unos con los otros merced a la limitación del poder, extremo que entronca más con la libertad que con la virtud: con una adecuada ingeniería constitucional todos podemos ser libres, aunque solo unos pocos sean virtuosos[61].

Por lo demás, debemos reseñar que nuestro objeto de estudio nunca se está quieto y, cierto es, reacciona frente a lo que se dice de él. Por eso no hay ni puede haber batas blancas ni probetas ni matraces. Por eso nuestro laboratorio es la comunidad humana. Nada más y nada menos.

El Derecho Constitucional es, así visto, una herramienta de primer orden, una tecnología fascinante. Por ello quienes lo cultivamos —asumo que en mi caso con peor que mejor fortuna por mi oriunda torpeza— podremos hacerlo con rigor, seriedad y honestidad sin temor a que por no ser «ciencia» sea menos provechoso lo que encontremos. Es más, la realidad a veces trae buenas nuevas que demuestran lo acertado de la afirmación, especialmente si tienen forma de libro inédito de quien ha sido uno de los grandes maestros del Derecho Constitucional español, a quien nadie llamó nunca «científico» ni falta que hizo[62].

No son las únicas pegas que podrían ponerse al afán investigador. A día de hoy se constata tal explosión de publicaciones que resulta materialmente imposible estar al cabo de la calle de todas ellas, ni siquiera eligiendo un tema muy específico e igualmente acotado. Tal extremo es aplicable tanto a nivel nacional como a nivel comparado. La facilidad de acceso a diferentes publicaciones de nuestro saber nos hace sufrir la famosa *paradoja de la elección*: cuantas más opciones tenemos para elegir, más nos cuesta elegir y más tememos equivocarnos al hacerla. Quizá podamos retomar un esquema clásico que tiene que ver con leer al principio de nuestras investigaciones pocas obras, pero muy buenas, que gocen del prestigio y del reconocimiento

60 Soy consciente de que quizá mi planteamiento esté equivocado, especialmente si se tiene en cuenta que el carácter científico del Derecho Constitucional ha sido defendido, entre otros, por maestros de la asignatura como el profesor Garrorena Morales, Á.; «Cuatro tesis y un corolario sobre el Derecho Constitucional», *Revista Española de Derecho Constitucional*, n.º 51, 1997, pp. 37-64; por el profesor Varela Suanzes-Carpegna, J.; «¿Qué ocurrió con la ciencia del Derecho Constitucional en la España del silo XIX?», *Boletín de la Facultad de Derecho de la UNED*, n.º 14, 1999, pp. 93-172; y por el profesor Punset Blanco, R.; «Los primeros veinte años de ciencia española del Derecho Constitucional», *Revista de Estudios Políticos*, n.º 108, 2000, pp. 225-243.

61 *Vid.* Saralegui, M.; *Breve historia del pensamiento político. De Maquiavelo al coronavirus*, Guillermo Escolar Editor, Madrid, 2022, p. 133 y ss.

62 Nos referimos a García Pelayo, M.; *Inédito sobre la Constitución de 1978*, Tecnos, Madrid, 2021, con presentación de Manuel Aragón y estudio de contextualización de Francisco Vila.

intelectual de nuestra «tribu» (Alejandro Nieto *dixit*)[63]. A partir de ahí, leer el último texto publicado en la materia e intentar extraer no solo el conocimiento oportuno sino la bibliografía correspondiente. Un buen trabajo suele citar fuentes de calidad y su autor no se suele despistar en el manejo de la literatura académica con fruición, soltura y conocimiento.

Sea como fuere, a día de hoy «saber» se parece mucho a «saber cribar». La tarea es tan ingente y empinada que más que exhaustividad provoca exhausto. Las fuerzas flaquean de inicio, sin siquiera haber empezado a leer materiales. El Derecho Constitucional no ha logrado abstraerse de los vientos que soplan, impuestos por otras disciplinas universitarias que insisten en el mantra de que un artículo científico es más importante que un libro, sobre todo si caemos en la cuenta de que quienes las profesan escriben, precisa y *casualmente*, en el primer formato.

Quizá no quepa hacer un libro de reacciones pericíclicas al año (la presión por publicar anualmente en algunos saberes es fenomenal, toda vez que tienen criterios estrictos y exigentes sobre la producción científica para poder reconocer el tramo de investigación. Si no me creen, pregunten a quien trabaje la Química Orgánica y les dirá que o presentan cinco Q1 o no hay sexenio que valga). En resumen: no parece del todo adecuado trasladar los criterios de unas ciencias a otros saberes sin mayor diferenciación.

Otra característica a la hora de abordar la investigación es en cierta medida paralela a lo que sucede con la docencia. Se exige multidisciplinariedad e interdisciplinariedad, tanto en los planes de estudio, como para la movilidad y transferencia y, en lo que aquí interesa, para los profesores universitarios. A modo de ejemplo, baste observar el artículo 11.7 LOSU, donde se establece que: «La interdisciplinariedad o multidisciplinariedad en la investigación constituirá un mérito en la evaluación de la actividad del personal docente e investigador»[64].

Pues bien, soy de la opinión de que en la actualidad (si es que no siempre fue así) el constitucionalista tiene que manejar algunos rudimentos elementales de Ciencia Política, Historia y Filosofía. Tampoco puede descuidar nociones elementales de Psicología, Sociología y/o Antropología. Los nuevos vientos que soplan, a veces huracanados, nos obligan a hacer alguna incursión en el campo de la Biología. Soy conocedor de la dificultad de la empresa, pues yo mismo intento poner en marcha el plan, sin mucho éxito hasta el momento. Pero eso no debe separarnos de quién es nuestro objeto científico: el ser humano. Siempre lo ha sido y siempre lo será. Por eso el

63 Nieto, A.; *La tribu universitaria*, Tecnos, Madrid, 1984.

64 Véase, entre otros, Cueto Pérez, M.; «Investigación, transferencia e intercambio de conocimiento e innovación», En Horgué Baena, C.; *La nueva ordenación de las universidades. Estudios sobre la Ley Orgánica 2/2023, del Sistema Universitario*, Iustel, Madrid, 2023, p. 293 y ss.

constitucionalismo o es humanismo o no es nada, una mera etiqueta decorativa que escondería las peores pulsiones del poder.

Llegados a este punto, no debemos orillar algo capital. La tradicional distinción de Isaiah Berlin entre *zorros* y *erizos* tiene relevancia, aunque son más categorías ideales que definiciones cerradas *ad eternum*. Es bien sabido que el zorro sabe poco de muchas cosas mientras que el erizo sabe solo de una, pero en profundidad[65].

A nivel usuario la distinción no es muy relevante, en el sentido de que para poder hacer cotidianamente la vida que hacemos nos vemos obligados a acometer pequeñas acciones del más variado pelaje. Por lo tanto, zorros. No obstante, si nuestras ocupaciones son específicas, por ejemplo, reparando motores de un modelo de coche concreto, entonces seremos erizos. Berlin se dirigía más bien al mundo intelectual, ese microcosmos compuesto de académicos, escritores y demás artistas del vivir en el alambre.

A día de hoy las demandas docentes e investigadoras son tan exigentes que tenemos que ser «chicos-para-todo». Ya hemos quemado la metáfora de la navaja suiza. No obstante, con todo, algo bueno tiene esto de tener que ser *zorro* por obligación: amplía horizontes, posa la mirada en otros lugares, ayuda a que las reflexiones sean diferentes, más nutridas y plurales, en definitiva.

Acabemos esta digresión con el diagnóstico de Peter Burke, quien introduce matices respecto a dicha distinción en una meritoria monografía donde estudia la figura del polímata a lo largo de la Historia.[66] Aunque constata al principio de su investigación que algunos de los polímatas más famosos son *zorros* (se sintieron atraídos por distintos tipos de saber), cuando se investiga a fondo la cuestión se observa meridiano que buena parte de ellos tenían mucho de *erizos* (pues trataban, mediante esas diferentes ciencias o artes, una misma cuestión). Así lo demuestran los casos de intelectuales como Leonardo, Humboldt o Certeau, entre otros.

Quizá sea más apropiado hablar de los dos grupos no como dos sectores enfrentados sino como un continuo con ambos polos en los lados. Muchos polímatas se ven arrastrados de acá para allá por intereses centrífugos, pero, a la vez, por el deseo de establecer conexiones. Demostrar los vínculos entre diferentes ramas del saber es de las cosas más difíciles que se pueda hacer. Por eso tan pocos lo logran.

En lo tocante a este texto, se podría preguntar algún lector a santo de qué viene esta digresión. Pues viene, ni más ni menos, a que no se puede saber Derecho Constitucional si solo se sabe de Derecho Constitucional. Para que

65 Estas tesis fueron publicadas originalmente en 1951. Para este proyecto he consultado el ejemplar de BERLIN, I.; *El erizo y el zorro*, Península, Barcelona, 2019, con prólogo de Mario Vargas Llosa.

66 BURKE, P.; *El polímata. Una historia cultural desde Leonardo da Vinci hasta Susan Sontag*, Alianza, Madrid, 2022, p. 224 y ss.

me expliquen según qué cosas y yo pueda, a su vez, decir algo coherente en clase, necesito apoyarme en ideas sólidas y estudiosos contrastados. Es así como los Revel, Davies u Ovejero, por citar algunos ejemplos, entraron en mi vocación investigadora: para quedarse, enseñarme y que yo, en la medida de mis modestas posibilidades, pueda aprovechar el torrente de información, sabiduría y criterio que aportan[67].

B. El investigador en Derecho Constitucional

El constitucionalista que investiga en su ramo debe tener algunas ideas en mente a modo de mapa que le guíe. Aquí resaltaremos las que se antojen de vital importancia.

En primer término, el Derecho Constitucional tiene bastante de ciencia social y, en ese sentido, conviene guardar toda prudencia cautelosa para no caer en la charlatanería. El papel lo resiste todo y no es infrecuente observar la palpable confusión entre causas y razones. Las primeras se encuadran en contextos de descubrimiento y tienen que ver con la querencia de hacer que se tome una decisión en base a ellas. Por ejemplo, la teoría crítica del Derecho exige del juez la aplicación de su propia ideología y por ende lo destruye (al Derecho y al propio juzgador). Lo mismo sucede con las causas sociológicas o psicológicas. Las razones, en cambio, surgen en el contexto de justificación y tienen que ver con los motivos que justifican la decisión adoptada. Con las razones haremos buen Derecho Constitucional y con las causas le asestaremos una puñalada mortal. Recuérdese, en fin, que el principio de caridad de Davidson también opera en estas lides, pues obliga a interpretar las normas conforme a lo más luminoso y no a lo más oscuro[68].

En segundo lugar, tomarse en serio el quehacer intelectual. En un mundo donde el plagio resulta cada vez más fácil e indetectable, donde los traductores de texto cada vez traducen más y mejor, tiempos donde la creación de textos mediante inteligencia artificial está a la orden del día, este principio cobra una importancia exponencial. No cabe maximizarlo todo a la vez, pues

---

67 En mis lecturas he aprendido mucho de OVEJERO, F.; *Sobrevivir al naufragio. El sentido de la política*, Página Indómita, Barcelona, 2020; y *La deriva reaccionaria de la izquierda*, Página Indómita, Barcelona, 2018; también es reseñable el libro que le dedica VALDEÓN, J.; *La razón en marcha. Conversaciones con Félix Ovejero*, Alianza, Madrid, 2023; desde la discrepancia con sus tesis de fondo, pero reconociendo su certera valía intelectual tenemos el libro de DAVIES, W.; *Estados nerviosos. Cómo las emociones se han adueñado del mundo*, Sexto Piso, Madrid, 2020, 2.ª edición; nos advirtió de los peligros de la politización de cualquier conocimiento o institución universitaria, entre otros peligros siempre acechantes en la Academia, REVEL, J-F.; *El conocimiento inútil*, Página Indómita, Barcelona, 2022 (1.ª edición original: 1988).

68 *Vid.* GARCÍA FIGUEROA, A.; «Charlatanería universitaria y feminismo posveritativo». En NÚÑEZ VAQUERO, Á.; y MORALES LUNA, F. F. (eds.lits); *Libertad de expresión. Debates pendientes*, Palestra Editores, Perú, 2022, p. 311 y ss.

ya sabemos que Dios maximiza con restricciones. Así que la primera criba es obligada en cuanto a lo que podemos atender. Dicho eso, detectamos que la Ciencia tiene controles de calidad, que suelen tener que ver con el control empírico tanto por parte de la realidad como por parte de quienes tienen título bastante para proceder así (el sistema de doble ciego en la evaluación científica de originales, por ejemplo). El arte, en cambio, no tiene tales controles. Por eso es loable extremar la autoexigencia y el rigor cuando se cultiva la disciplina del Derecho Constitucional, así como el afán de verdad[69].

C. Líneas de investigación desarrolladas

En el presente apartado vamos a exponer cuáles han sido las principales líneas de investigación desarrolladas hasta ahora. A pesar de que los resultados han sido publicados en tres formatos (libro/monografía, capítulo de libro, artículo científico), de los que se da cumplida cuenta en el currículo del autor, optaremos por comentar someramente aquellos que han acabado plasmados en libros, pues entendemos que, dentro de los tipos de producción académica mediante los que habla el Derecho Constitucional, este es, sin lugar a dudas, el que exige mayores esfuerzos y, por ende, el que mejor plasma los avances y hallazgos que se hayan descubierto a lo largo de su elaboración.

1. La igualdad entre hombres y mujeres

Una de las principales líneas de investigación que hemos desarrollado tiene que ver con la igualdad entre mujeres y hombres. En un primer momento, hube de formarme en la materia mediante diferentes cursos y seminarios, muy militantes todos ellos y que, quizá, condujeron a generar un profundo escepticismo en mí y en la valía y recorrido de un valor tan complejo y poliédrico como el igualitario. No es infrecuente que piense, gracias a Revel, que la igualdad la necesitamos precisamente porque no existe en los seres humanos. Cuando se trata de igualdad real, no pocos rechazan la idea si no significa privilegios para ellos y sus camarillas. La igualdad de oportunidades, por más que el profesor Rendueles abjure de ella, es fundamental para tener *algún tipo* de ascensor social[70]. En estos debates conviene guardar prudencia y blandir templanza, que son justamente dos de las virtudes que han abandonado parte de las conspicuas representantes de nuestro feminismo.

Dicho eso, pasemos a comentar cuáles han sido los principales resultados de investigación que hemos conseguido. Pueden englobarse en dos: los

---

69 *Vid.* Ovejero, F.; *Sobrevivir al naufragio. El sentido de la política*, Página Indómita, Barcelona, 2020, p. 35 y ss.

70 *Vid.* Rendueles, C.; *Contra la igualdad de oportunidades. Un panfleto igualitarista*, Seix Barral, Barcelona, 2020.

relativos a la lectura y a la escritura en torno al principio de composición equilibrada (las cuotas electorales en favor de la mujer) y los que estudian el llamado constitucionalismo feminista (somos conscientes de que adjetivar una categoría suele hablar negativamente del fenómeno).

El porqué de este esquema se explica por la propia evolución de los acontecimientos dentro del movimiento feminista y, en concreto, de quienes dicen representarlo cuando alcanzan posiciones de poder institucional: han pasado de reivindicar medidas concretas y determinadas que podrían ayudar a mejorar la posición femenina en los ámbitos correspondientes a hacer una enmienda a la totalidad del sistema, con un deseo nada velado de cambiar el régimen democrático constitucional por otro donde impere una democracia militante por razón de sexo. La fallida Constitución chilena de 2022, rechazada ampliamente por un 61.9 %, fue el summum de lo desatinado de esas propuestas.

a. El principio de composición equilibrada y la representación política

Comencé a interrogarme sobre la representación política, de la mano del profesor Fernández-Miranda[71]. Escribí y presenté el trabajo del DEA sobre el particular. En paralelo cursé el Diploma del CEPC y allí pude conocer las cuotas electorales, gracias a Fernando Rey, medida que había empezado a ser aplicada, tímidamente, por algún partido nacional y por algún país, señaladamente Francia e Italia. Para dar una muestra de lo polémica que fueron estas medidas, la primera vez que se enjuiciaron por el Consejo Constitucional francés y la Corte Constitucional italiana, respectivamente, fueron declaradas inconstitucionales. El principal motivo era que afectaban a institutos centrales de la representación política, como la división de la soberanía nacional, la ruptura de la voluntad general, así como la quiebra del derecho al sufragio pasivo en condiciones de igualdad, haciendo del sexo la base para diferenciar, motivo calificado de sospechoso por las jurisdicciones constitucionales y, por ende, sometido al juicio de proporcionalidad.

Todo ello lo pude estudiar en mi primera monografía, *Democracia equilibrada versus democracia representativa*, publicada en 2012 por el Congreso de los Diputados, cuyo germen fue la tesis doctoral que leí justo un año antes, en 2011. Huelga decir que la obra pasó sin pena ni gloria, algo a lo que uno debe acostumbrarse en el mundo académico por mor de su salud mental (y cierto orgullo mal entendido). Dicho sea de paso aunque con toda la intención: cuenta la leyenda que un profesor norteamericano dejó dentro del que creía su mejor libro un billete de cinco dólares. Donó la monografía a la

71 *Vid.* Fernández-Miranda Campoamor, A. y Fernández-Miranda Campoamor, C.; *Sistemas electoral, partidos políticos y Parlamento*, Colex, Madrid, 2009, 2.ª edición.

biblioteca de su Facultad. Treinta años después, el billete permanece intacto en su sitio. Así de desapercibidas pasan las obras académicas, al menos las de quien esto escribe[72].

Cinco años después, revisé y actualicé algunas de las tesis que expuse en dicha obra, escribiendo unas páginas que la profesora García Escudero tuvo la gentileza y amabilidad de dejar que entraran en un libro que ella había escrito al 99.99 %, titulado *La presentación y proclamación de los candidatos electorales*, publicado por el CEPC, en 2017. Nada más queda por decir al respecto, salvo un agradecimiento sincero a la profesora García Escudero.

Elaboré diversos trabajos de investigación probablemente menores. No quería perderle el pulso a un debate que, se barruntaba ya en la primera década del siglo XXI, iba a quedarse entre nosotros. Tuve la oportunidad de dirigir dos libros colectivos, que trataban otras cuestiones. Pero nunca abandoné mis lecturas sobre el asunto, que ahora parte de la doctrina alude llama «constitucionalismo feminista».

b. El constitucionalismo feminista: ¿constitucionalismo o feminismo?

Producto de esas lecturas pude escribir un libro sobre el particular, *Crítica del constitucionalismo feminista*, publicado en 2020 por Atelier. En él examino las cuotas electorales dentro de un contexto más amplio y rico en reivindicaciones más o menos novedosas, provenientes más del feminismo que del constitucionalismo. Intento atisbar el origen intelectual de un movimiento más político que jurídico como el constitucionalismo feminista y encuentro que serán algunas de las representantes de la llamada Teoría Crítica del Derecho, del Uso alternativo del Derecho, o de la huida del Derecho, llámese como se quiera, quienes lo defienden desde sus posiciones académicas en la Universidad anglosajona, señaladamente norteamericana, pero no solo[73]. Por lo demás, esa monografía también se ocupa de estudiar el encaje constitucional de medidas como la obligatoriedad del lenguaje inclusivo, o la reforma constitucional con perspectiva de género, por poner dos ejemplos de ideología que se pretende convertir en norma constitucional.

Continué leyendo. Continué reflexionando. Fue así como en el año 2023 publiqué con Colex lo que vendría a ser la continuación lógica y cronológica,

---

72 La anécdota la extraigo de García Figueroa, A.; *Praxis. Una introducción a la moral, la política y el Derecho*, Atelier, Barcelona, 2017, p. 17.

73 En pleno ejercicio del cargo de Magistrada del Tribunal Constitucional, María Luisa Balaguer Callejón ha publicado un libro defendiendo tales postulados, alegando que los jueces deben «reconstruir y actualizar» el Derecho, encontrando «resquicios normativos» en aras de «hacer justicia a la parte más débil». *Vid.* Balaguer Callejón, M.ª L.; *Derecho, sexo y filosofía. Transmodernidad y normatividad*, Comares, Granada, 2023, p. 66 y ss.

el libro *Nueva crítica del constitucionalismo feminista*. En él retomo el pulso al debate sobre la democracia paritaria, añadiendo algunos estudios adicionales como la violencia política de género, la identidad de género y la Ley Trans, así como una reflexión en torno a la llamada reacción patriarcal, que viene a demostrar una de las peores pulsiones de algunas representantes feministas: el intento de silenciar a quienes ponen siquiera un tímido *pero* a sus desmanes.

Pretendo continuar investigando sobre el particular, pues creo que el tema es apasionante, resbaladizo, comprometido y necesario. A su debido tiempo daré cuenta de ello, cuando me refiera a las líneas investigadoras que desearía abordar en el futuro. *On verrá*.

2. El Convenio Europeo de Derechos Humanos

Otra línea de investigación abordada ha sido la referida al Convenio Europeo de Derechos Humanos. Ello ha dado frutos en forma de tres libros. Uno donde me ocupé de las quiebras convencionales que se han producido en España. Otra donde estudié lo que podríamos llamar diálogo metajudicial, pues el guardián del Convenio, el Tribunal Europeo de Derechos Humanos, dialoga no solo con tribunales sino con otros órganos del Consejo de Europa, en nuestro caso el Comité para la Prevención de la Tortura. Y un tercero donde, justamente, examino brevemente los principales mecanismos que existen de prevención de la tortura en el marco del Consejo de Europa así como en el contexto de Naciones Unidas.

a. Rupturas del Convenio: brechas convencionales en España

Respecto a la primera, tuve la oportunidad de conocer indiciariamente el Convenio gracias a la participación en un proyecto de investigación dirigido por Javier Matia. Hice, como se suele decir, mis primeros pinitos, leyendo y escribiendo algo sobre el particular en algunas revistas y en libros colectivos, fruto de asistencia a Congresos y Jornadas. En 2020 publiqué la monografía titulada *Brechas convencionales en España. Un reto constitucional del siglo XXI*, editada por Aranzadi y prologada por el profesor García Roca. Encontré que el TEDH nos ha condenado en los últimos tiempos con cierta recurrencia por lesiones en la libertad de expresión, la no inmediación en segunda instancia, y por no investigar lo suficiente la denuncia de malos tratos o torturas (con una condena ya por vulnerar materialmente el Convenio). Esas eran las rupturas que detecté y esas son a las que, cuando el resto de obligaciones me lo permiten, les sigo la pista.

b. Desarrollos del Convenio: diálogos meta-judiciales en Estrasburgo

Respecto al segundo, en 2021 salió publicado también por Aranzadi mi *Diálogos Metajudiciales en Estrasburgo, el TEDH y el CPT*. Me pude beneficiar de la generosidad de mi Departamento, que me permitió hacer una estancia de investigación de cuatro meses en el propio Tribunal de Estrasburgo, donde Carmen Morte y María Elósegui me ayudaron no poco. Allí pude hablar con miembros del CPT, con algunos Jueces del TEDH, y hacerme una idea panorámica de la importancia de proteger los valores propios del Convenio, que son, como es sabido, la democracia, los derechos fundamentales y el Estado de Derecho. Por lo demás, el diálogo que entabla el TEDH con el CPT tiene arraigo bastante como para deducir que en el futuro seguirán dialogando, aun con los desencuentros que en ocasiones se producen, desencuentros que, por lo demás, se solucionan con diplomacia institucional y buena voluntad.

c. La prevención de la tortura desde Europa

En cuanto a la tercera, me quedaba pendiente analizar el sistema de protección contra los malos tratos desde la óptica del Consejo de Europa en comparación con el otro sistema que ha implementado mejoras en ese sentido, como es la Organización de Naciones Unidas. Pues bien, ambas organizaciones internacionales han establecido un sistema de prevención basado en la creación de un órgano *ad hoc*, el CPT por un lado y el SPT por otro, cuya función es prevenir los malos tratos acudiendo *in situ* a los centros donde haya personas recluidas (cárceles, comisarías, centros de menores, centros temporales, etc) y emitiendo un informe posterior sobre la visita. También se estudia cómo afecta esto no solo a un artículo como el 15 de nuestra Constitución sino también a cómo debemos aplicar las disposiciones de *soft-law*. Un tema de enjundia que quizá pueda ser tratado en tiempos venideros.

3. La libertad de expresión y la libertad académica

El tercer tema al que hemos dedicado esfuerzos ha sido la libertad de expresión en general y la libertad académica en particular. El punto de partida de esta línea de investigación tiene que ver con el desasosiego que cunde por el estado en que se encuentra la democracia constitucional. El empuje de populismos y nacionalismos varios, la identidad nacional o las vetas posmodernas han llevado a pensadores de diferentes disciplinas de Ciencias Sociales a diagnosticar el deterioro del modelo democrático. Uno de los valores que se ha puesto en tela de juicio es el de la libertad de expresión y, especialmente, el de la libertad académica. Las polémicas en torno a la «cancelación» de discursos que no gustan a la turba de turno se ha convertido en una tendencia inquietante. Que eso suceda en el marco universitario solo puede generar mayor preocupación y malestar. Como dice Camille Paglia: un discurso potente se contrarresta con otro igualmente potente, no censurándolo[74]. Así que he volcado esa preocupación sincera en tres obritas.

a. La libertad de expresión como valor esencial de la democracia constitucional

El libro donde se estudian cuestiones relacionadas con la libertad de expresión se titula *La libertad de expresión en la encrucijada*, y se publicó por Juruá en 2023. Lo hice gracias a la generosidad de mi compañero Rafael Rubio, catedrático de Derecho Constitucional complutense, que siempre apoya iniciativas de este tenor. En la obra se exponen los principales desafíos que tiene la libertad de expresión hoy, señaladamente aquellas doctrinas enraizadas en lo *woke*, tales como la política de la cancelación, los espacios seguros, el derribo de estatuas, el lenguaje inclusivo y el lenguaje del odio. Se hace una defensa cerrada, racional y lógica, del derecho fundamental y se recuerda que la regla general es que nos podamos expresar en libertad, no lo contrario.

b. La libertad de expresión en el marco de la Academia: reflexiones sobre la Universidad

Este apartado tiene que ver con la reflexión sobre los avatares liberales en el marco de la Universidad, especialmente a la luz de una norma inquietante, como es la Ley de Convivencia Universitaria, pues antepone la igualdad a la libertad. Este librito se llama *Reflexiones sobre la Universidad* y lo editó la Fundación Manuel Giménez Abad, también en 2023. En esta ocasión tuve la inmensa suerte de contar con el apoyo de dos catedráticos constitucionalistas, el profesor Matia Portilla y el profesor Delgado del Rincón. Ya se sabe que uno no llega solo ni a la vuelta de la esquina.

c. La libertad académica como valor esencial de la Universidad

Finalmente, el último de ellos, que vio la luz de la mano de Dykinson en 2023 y que lleva por título *Sobre la libertad académica*. Una anécdota al hilo

74 Aunque suene extraño, hay escritores que abogan por una defensa de la cultura de la cancelación, como por ejemplo Torné, G.; *La cancelación y sus enemigos*, Anagrama, Barcelona, 2022. En contra, véase Domingo, C.; *#Cancelado. El nuevo Macartismo*, Círculo de Tiza, Madrid, 2023. También es relevante Özkirimili, U.; *Cancelados. Dejar atrás lo woke por una izquierda más progresista*, Paidós, Barcelona, 2023.

de este último: pregunté a una colega Filósofa del Derecho complutense si tenía algo escrito sobre el particular, pues me interesaba su punto de vista después de compartir momentos y cafés. Me respondió que le halagaba mucho, pero me preguntaba retóricamente cómo era posible investigar sobre algo que no existe. No supe qué responderle y así sigo a día de hoy.

4. Otros

Resta por hacer somera alusión a otros pequeños proyectos que también han tenido su plasmación correspondiente en formato de libro. Son tres y tienen que ver tanto con mis dispersos intereses intelectuales como con mis propias preocupaciones y, a buen seguro, obsesiones.

a. Más allá del Derecho Constitucional: Lecturas para mis alumnos

La primera de ellas es una especie de diario académico de las lecturas que he ido haciendo en los últimos años. La sacó adelante el Servicio de Publicaciones de la Facultad de Derecho complutense en 2022. La rúbrica de esta nueva ocurrencia editorial es *Más allá del Derecho Constitucional: Lecturas para mis alumnos*.

El libro reúne un breve análisis de todo tipo de libros, desde los de Michael Ignatieff hasta los que ha escrito Nassim Taleb. Desde Ana Iris Simón y su *Feria* hasta Jordan Peterson, pasando por Daniel Bell, Christopher Lasch, Judith Shklar o Jonathan Haidt. También he transitado los caminos de Oakeshott, Scruton, Chesterton, David Brooks o el malogrado Domingo Villar. Extraigo lo más jugoso de sus textos, los paso por la túrmix e intento ofrecérselos a los discentes entre bromas y veras, que siempre ayuda.

b. Escritos preocupados sobre la pandemia

La segunda obra la editó Colex en 2023, y se titula *Escritos constitucionales sobre la pandemia*. El origen de este compendio tuvo lugar en el marco de una serie de piezas breves que me pidieron desde *The Conversation*, la Oficina de Transferencia de I+D+i complutense, y algunas colaboraciones puntuales para Telemadrid y Televisión Española.

Tales actividades generaron notas, ideas, lecturas, en definitiva, páginas que tenían como punto de unión algunas de las principales cuestiones que luego formaron parte de la monografía: la adecuación constitucional de la declaración del estado de alarma, de decretar medidas como el confinamiento, de sus prórrogas, o de la suspensión de funciones parlamentarias. Como se puede colegir fácilmente, el núcleo del libro trata las sentencias del Tribunal Constitucional que tumbaron las principales medidas que el Gobierno del momento adoptó.

c. La trastienda profesional: en el taller de un aprendiz a constitucionalista

La tercera obra podría calificarse de *criatura Frankenstein*, pues pretendía mostrar lo que sucede en el taller de un profesor de universidad dedicado al Derecho Constitucional. Por eso lo titulé *En el taller de un constitucionalista*, editado en 2023 por Colex (soy consciente de la pomposidad del título, lo asumo ahora que lo vuelvo a hojear para escribir estas líneas).

Una especie de trastienda profesional, formada por diversos textos que había escrito para diferentes ocasiones: una comunicación a un Congreso, un texto sobre las lecturas realizadas durante un periodo vacacional, la propuesta que envié a un foro académico y en propuesta se quedó. Un par de conferencias a las que me invitaron, sobre igualdad de género, y donde escribí dos o tres ideas acaso no excesivamente disparatadas. En fin, ideas plasmadas con acierto discutible, variable y siempre opinable.

Llegados a este punto, el lector de estas páginas (¿?) o los miembros del tribunal en su día pudieron preguntarse el motivo de escribir este tipo de libros. Ni siquiera el propio autor de estas líneas podría responder satisfactoriamente a la pregunta. Sólo cabe, pues, aportar indicios de por dónde discurre, más que el interés, la voluntad de hacerlo. Incluso, sin ser pedante, la necesidad de hacerlo.

Por un lado, porque para poder llegar a escribir algún día páginas medianamente meritorias uno tiene que «tirar» mucho papel antes. Pueden consultarse las fuentes bibliográficas que se quieran, de los autores que se deseen, pues convergen en el mismo indicio: hay que escribir mucho antes de escribir bien. Ese podría ser uno de los motivos, a qué negarlo.

Por otro lado, tal y como se regula en la actualidad la carrera académica, si uno desea optar a mejorar progresivamente en su profesión es necesario «optimizar» los esfuerzos. La propia palabra ya da algo de respeto, pues pareciera que somos máquinas que se limitan a procesar datos. Pero, en fin, no soy yo el que eligió este sistema universitario ni soy yo quien tiene la más mínima posibilidad de cambiarlo. Me adapto como buenamente puedo a las exigencias establecidas y rezo por hacerlo bien. Nos piden números y yo les doy números, no sin constatar cierta frustración y melancolía en el ánimo, por tan triste trayecto.

Finalmente, una razón nada desdeñable es que, en este microcosmos que es la universidad, en ocasiones —muy contadas, cierto es— algún alumno muestra interés por el trabajo que hacemos. Si nos guardamos para nosotros mismos lo que leemos, cómo nos aprovecha, en suma, de qué manera vemos el mundo y cómo podemos acompañar a otros en la tarea de comprenderlo, estaremos haciéndoles un flaco favor. Por eso creo que hay que poner a su disposición los escritos pertinentes y que sean ellos (los demás) quienes los valoren. Es sabido que un libro tiene vida propia y que otros pueden encontrar visiones, matices e ideas diferentes no solo respecto de los que tiene y mantiene el autor sino también en cuanto a lo que piensa la persona que lee el mismo libro al lado.

D. Líneas de investigación por desarrollar

Ha llegado el momento de presentar las líneas de investigación que al aspirante le gustaría abordar en un futuro cercano. No podemos sino advertir que lo que viene a continuación es un bosquejo voluntarioso y esperanzado, pues la realidad dicta sentencia con asertividad suficiente como para saber que todo lo dicho puede desaparecer en un instante fugaz. Una cosa es intentarlo y otra finalmente lograrlo, aunque concedemos que lo primero es condición *sine qua non* de lo segundo.

Dicho lo anterior, dividiremos esta sección en aras de la claridad expositiva en dos apartados: las preocupaciones de siempre y las nuevas preocupaciones.

1. Preocupaciones de siempre evolucionadas: de la discriminación positiva a la discriminación interseccional

El aspirante desearía seguir al cabo de la calle de las novedades que se produzcan en las reivindicaciones del movimiento feminista y sus implicaciones para nuestro sistema constitucional. Ni puedo, ni debo, ni quiero esconder que la cabra tira al monte y esta cabra no es diferente a las demás. Ítem plus: el aspirante forma parte de proyectos de investigación donde se estudia, precisamente, hasta qué punto algunas reivindicaciones de su agenda podrían lesionar garantías constitucionales tan elementales como la presunción de inocencia, la seguridad jurídica o la propia igualdad. Proyectos liderados por juristas de reconocida competencia, como lo son los profesores Alicia Gil Gil y José Núñez Fernández y de los que me han hecho amablemente partícipe, harán que mantenga el pulso investigador en dicha vertiente.

También querría seguirles la pista a los debates en torno a la libertad de expresión. Habiendo hecho algunas incursiones en temas como el del lenguaje inclusivo o el discurso del odio, me gustaría ahora referirme a la posibilidad de abrir una línea de investigación nueva que tendría que ver con un tema no especialmente tratado por nuestra doctrina: el derecho a la creación literaria.

a. La discriminación positiva

Hace relativamente poco tiempo, el Tribunal Supremo norteamericano ha declarado inconstitucional la discriminación positiva: en el caso *Students for Fair Admissions v. Harvard, 600 U.S.* (2023), sentencia dictada el 29 de junio de 2023, donde establece que los programas de acción afirmativa basados en la raza en los procesos de admisión universitaria violan la Cláusula de Igual Protección de la Decimocuarta Enmienda Constitucional. A través de una segunda sentencia complementaria, dictada en el *caso Students for Fair Admissions v. University of North Carolina,* también de 2023, el Tribunal Supremo anuló tanto la jurisprudencia sentada en *Grutter v. Bollinger* (2003) como en *Regents of the University of California v. Bakke* (1978), donde se validaban, constitucionalmente hablando, los programas de acción positiva basados en la raza.

El caso tuvo que ver con el proceso de admisión de pregrado de la Universidad de Harvard. Students for Fair Admissions (SFFA), una organización dirigida por el estratega legal conservador Edward Blum, representaba a un grupo anónimo de estadounidenses de origen asiático rechazados en Harvard. Después de una breve pausa provocada por el fallo en *Fisher v. University of Texas* (2016), el Tribunal de Distrito de Massachusetts dictaminó que el proceso de admisión de Harvard no discriminaba a los asiático-estadounidenses. SFFA impugnó tal decisión ante la Corte Suprema en 2021. La Corte Suprema otorgó certiorari a ambos casos y los unificó en enero de 2022. Tras el nombramiento de la juez Ketanji Brown Jackson, miembro de la Junta de Supervisores de Harvard en el momento de los hechos denunciados, los casos se dividieron y Jackson se abstuvo respecto del caso de Harvard mientras participó en el asunto de Carolina del Norte.

El 29 de junio de 2023, la Corte Suprema emitió una decisión que, por 6 a 2, revoca el fallo del tribunal inferior. El magistrado ponente de la mayoría, el presidente del Tribunal Supremo, John Roberts, sostuvo que la acción afirmativa en las admisiones universitarias es inconstitucional.

En cuanto el fondo del asunto, los antecedentes históricos y legales del caso abarcan varias décadas desde el caso *Regents of the University of California v. Bakke* de 1978, pasando por el caso *Grutter v. Bollinger* de 2003 hasta el caso *Fisher v. University of Texas* de 2016. La Corte Suprema de los EE. UU. dictaminó en Bakke que la acción afirmativa podría usarse como un factor determinante en la política de admisión a la universidad, pero que la cuota racial de la Facultad de Medicina Davis de la Universidad de California era discriminatoria. El Tribunal confirmó este caso en *Grutter v. Bollinger*, una decisión de 2003. Al mismo tiempo, el Tribunal dictaminó que el sistema de puntos utilizado por la Universidad de Michigan para favorecer a las minorías subrepresentadas era inconstitucional en *Gratz v. Bollinger*. El Tribunal anuló *Fisher v. University of Texas I,* caso de 2013, y confirmó la decisión del tribunal inferior de aplicar un escrutinio estricto a la política de admisión racial de la Universidad de Texas en Austin en *Fisher v. University of Texas II*, de 2016. En *Fisher II*, el escrutinio estricto requiere que el uso de la raza sirva a un «interés público apremiante», como los beneficios educativos que se derivan de la diversidad, y se «ajuste estrictamente» para satisfacer ese interés. Las instituciones que reciben fondos federales, como la Universidad de Harvard, están sujetas al Título VI de la Ley de Derechos Civiles de 1964, que prohíbe la discriminación racial.

La cuestión de las acciones positivas en los Estados Unidos se considera tanto un avance como un problema. A veces tiene el apoyo de la comunidad negra y no de la asiática, otras la tienen de los hispanos, pero no de los blancos. Y así sucesivamente. En las encuestas de acción afirmativa, las respuestas varían según cómo se formule la pregunta, lo que sugiere ambivalencia. Entre demócratas y republicanos, existe una clara división. La oposición a la acción afirmativa surgió en la revista neoconservadora *The Public Interest*, particularmente con el libro del editor Nathan Glazer *Discriminación afirmativa: Desigualdad étnica y política pública*. John Roberts, presidente del Tribunal Supremo cuestionó los beneficios de la diversidad en una clase de física en Fisher II. Los jueces Clarence Thomas y Samuel Alito se habían opuesto a la acción positiva; los tres jueces conservadores restantes no tenían antecedentes de oponerse a la acción afirmativa antes del fallo, aunque un artículo de 1999 que el juez Brett Kavanaugh escribió en The Wall Street Journal daba pistas sobre su disconformidad.

Students for Fair Admissions (SFFA) presentó una demanda en un tribunal de distrito federal contra la Universidad de Harvard el 17 de noviembre de 2014, en representación de un grupo de demandantes asiático-estadounidenses anónimos que habían sido rechazados en su admisión a la universidad. SFFA fue fundada por el estratega legal conservador Edward Blum, quien también fundó el Proyecto de Representación Justa, con el objetivo de terminar con las clasificaciones raciales en la educación, los procedimientos de votación, la redistribución de distritos electorales y el empleo. Blum participó en casos como *Bush v. Vera*, *Shelby County v. Holder* y *Fisher v. University of Texas*.

Ciertos grupos de defensa de asiático-estadounidenses presentaron escritos *amicus curiae* en apoyo de SFFA, alegando que ellos o sus hijos son discriminados en los procesos de admisión a la universidad. Otros grupos de defensa asiático-estadounidenses presentaron informes *amicus curiae* en apoyo de Harvard. El 15 de mayo de 2015, una coalición de más de sesenta organizaciones asiático-estadounidenses presentó quejas federales ante el Departamento de Educación y el Departamento de Justicia de los Estados Unidos contra la Universidad de Harvard. La coalición solicitó una investigación acerca de lo que describió como prácticas de admisión discriminatorias de Harvard contra los solicitantes asiático-estadounidenses. Las quejas en el Departamento de Educación fueron desestimadas en julio de 2015 porque Students for Fair Admissions (SFFA) ya había presentado una demanda con alegaciones similares en noviembre de 2014. Sin embargo, en 2017, la coalición volvió a presentar sus quejas ante el Departamento de Justicia bajo la administración Trump. Abrió una investigación sobre las acusaciones contra las políticas de Harvard, y esa investigación estaba en curso en febrero de 2020.

En la demanda, los demandantes afirman que Harvard impone una cuota blanda de «equilibrio racial» que reduce artificialmente la cantidad de solicitantes asiático-estadounidenses admitidos en Harvard. Los demandantes sostuvieron que el porcentaje de asiáticos admitidos en Harvard fue sospechosamente similar al registrado el año anterior, a pesar de los aumentos significativos en el número de solicitantes asiático-americanos, así como el tamaño de la población asiático-americana.

Durante el proceso, los demandantes obtuvieron acceso a los archivos de admisión individualizados de Harvard de 2014 a 2019 y datos agregados de 2000 a 2019. Los demandantes también entrevistaron a numerosos funcionarios de Harvard. Después de recopilar los datos pertinentes, los demandantes alegaron que los funcionarios de admisiones de Harvard calificaron más bajo de forma reiterada a los solicitantes asiático-estadounidenses en aspectos relativos a rasgos de personalidad como la simpatía, el coraje y la amabilidad. Los demandantes alegaron que los estadounidenses de origen asiático obtuvieron calificaciones más altas que los solicitantes de cualquier otro grupo racial o étnico en otras medidas de admisión, como calificaciones de exámenes y actividades extracurriculares, siendo las calificaciones personales de los estudiantes el principal escollo para que fueran admitidos. Los demandantes también afirmaron que los entrevistadores de los exalumnos (quienes, a diferencia de los oficiales de admisiones dentro de la universidad, conocieron a los solicitantes individuales) dieron a los estadounidenses de origen asiático calificaciones personales comparables a las de los solicitantes blancos. El personal de admisiones de Harvard testificó que no creía que los diferentes grupos raciales tuvieran mejores cualidades personales que otros; sin embargo, los solicitantes asiáticos como grupo racial recibieron puntajes personales consistentemente más bajos durante el período encuestado y la oficina de admisiones de Harvard calificó a los asiático-estadounidenses con las peores calificaciones personales. Los afroamericanos, por otro lado, obtuvieron consistentemente la calificación más baja en la calificación académica, pero la más alta en la calificación personal.

Peter Arcidiacono, un economista de la Universidad de Duke que testificó en nombre de los demandantes concluyó que los solicitantes asiático-estadounidenses como grupo se desempeñaron mejor en el rendimiento académico y en las actividades extracurriculares. A pesar de esto, recibieron una sanción estadísticamente significativa en relación con los solicitantes blancos en la «Calificación personal» y la «Calificación general» asignadas por los funcionarios de Harvard. Como resultado, los demandantes alegan que los solicitantes asiático-estadounidenses tienen la probabilidad más baja de admisión de todos los grupos raciales en los Estados Unidos, a pesar de obtener la puntuación más alta en todas las medidas objetivas. Arcidiacono sostuvo que eliminar la sanción de puntaje personal de los solicitantes asiáticos en relación con los solicitantes blancos daría como resultado un aumento del 16 % en el número de asiático-estadounidenses admitidos. Sugirió también que la raza del solicitante juega un papel importante en las decisiones de admisión. Según su testimonio, si un solicitante asiático-estadounidense con ciertas características en torno a las calificaciones, las características personales, las actividades extracurriculares y los antecedentes familiares, tendría una probabilidad de ser admitido en un 25 %. Si fuera blanco, su probabilidad subiría al 36 %. En cambio, los solicitantes hispanos y negros con las mismas características tendrán un 77 % y un 95 % de probabilidades de admisión previstas, respectivamente.

El informe de Arcidiacono alega que el trato preferencial de Harvard a los solicitantes afroamericanos e hispanos no es el resultado de los esfuerzos de la universidad por lograr la diversidad socioeconómica de su alumnado, ya que Harvard admite más del doble de solicitantes afroamericanos no desfavorecidos que solicitantes. También afirmó que, si Harvard eliminara todos los demás factores para la preferencia de admisión, la cantidad de asiático-americanos admite aumentaría en seis años en un 50 %.

Los demandantes también afirman que la propia Oficina de Investigación Institucional de Harvard encontró una desviación estadísticamente significativa contra los solicitantes asiático-estadounidenses en una investigación interna en 2013, pero nunca hizo públicos los hallazgos ni actuó en consecuencia. Los demandantes han comparado el tratamiento actual de los asiáticos con la cuota judía vigente a principios del siglo XX, que utilizó las personalidades unidimensionales supuestamente «deficientes» de los judíos inmigrantes y su supuesta falta de liderazgo como la razón para excluir a los no judíos.

Harvard negaba haber discriminado, pues entiende que su filosofía de considerar la raza como uno de los factores de su política de admisión cumple con la ley. La Universidad argumenta que recibe más de 40.000 solicitudes al año, donde la gran mayoría de los solicitantes cumplen con los requisitos académicos (calificaciones previas). Por eso debe acudir a otros criterios de admisión. Harvard también afirma que su calificación personal refleja una amplia gama de información valiosa en la solicitud, como ensayos personales del solicitante, respuestas a preguntas cortas, recomendaciones de maestros y consejeros, informes de entrevistas con exalumnos, entrevistas con el personal y cualquier carta adicional. o información proporcionada por el solicitante.

Harvard recuerda que el porcentaje de estudiantes asiático-americanos admitidos ha aumentado del 17 % al 21 % en una década, mientras que los asiático-americanos representan alrededor del 6 % de la población estadounidense. Harvard afirmó además que había estudiado más de una docena de alternativas de admisión neutras racialmente hablando y no encontró ninguna que conjugase la promoción de la diversidad estudiantil con los estándares de excelencia que Harvard persigue.

Usando los mismos datos proporcionados a los demandantes, el economista de UC Berkeley, David Card, testificó en nombre de Harvard y afirmó en un informe que el análisis de la SFFA de las calificaciones personales excluyó las solicitudes de un porcentaje considerable de solicitantes, ensayos personales y cartas de recomendación de maestros y consejeros de orientación y que no hubo una diferencia estadísticamente significativa en las puntuaciones personales en comparación con los estudiantes blancos.

Además, Card afirmó que, si el análisis de la SFFA mostraba que las calificaciones personales asignadas a los estadounidenses asiáticos eran inesperadamente más bajas, estos también obtuvieron calificaciones académicas inesperadamente más altas que otros grupos raciales, lo que agregaría cuestionaría la afirmación de que Harvard está discriminando intencionalmente a los estadounidenses de origen asiático. En respuesta al análisis de Arcidiacono, Harvard sostuvo que Arcidiacono había «explotado los datos a su favor» al excluir a los solicitantes que recibieron un trato preferencial por ser legados, atletas, hijos del personal y de la facultad, incluidos los asiático-estadounidenses. Harvard también argumentó que los documentos que los demandantes alegaron como prueba de discriminación contra los estadounidenses de origen asiático representaban «un análisis preliminar e incompleto» que la Oficina de Investigación Institucional (OIR) de Harvard había realizado, con ausencia de datos capitales.

El caso se paralizó hasta que la Corte Suprema emitió su decisión en *Fisher II* el 23 de junio de 2016. El asunto se reanudó y en octubre de 2018 se enjuició en un tribunal de distrito federal de Massachusetts, Boston.

En octubre de 2019, la jueza Allison D. Burroughs dictaminó que las políticas de admisión de Harvard College no discriminan indebidamente a los estadounidenses de origen asiático. Si bien el sistema «no es perfecto», dictaminó Burroughs, no obstante, aprueba el examen constitucional. En su fallo, Burroughs afirma que no había cuotas en Harvard, a pesar de reconocer que la escuela intenta alcanzar el mismo nivel de diversidad racial cada año y utiliza la composición racial de los estudiantes admitidos para ayudar a determinar cuántos estudiantes debería admitir en general.

En febrero de 2020, la SFFA presentó una apelación ante la Corte de Apelaciones del Primer Circuito de los Estados Unidos. El tribunal escuchó los argumentos orales a mediados de 2020 y finalmente falló a fines de 2020 a favor de Harvard, y concluyó que la jueza Burroughs no se había equivocado en su fallo ni en sus principales hallazgos fácticos. El Departamento de Justicia presentó escritos de amigo de la corte tanto en la audiencia inicial como en la apelación, argumentando que Harvard impone «una sanción racial al desfavorecer sistemáticamente a los solicitantes asiático-estadounidenses».

La SFFA solicitó a la Corte Suprema que revisara tanto la decisión del Primer Circuito en el caso de Harvard, que se centró en el impacto del proceso de admisión en los estadounidenses de origen asiático, como una decisión similar del Distrito Medio de Carolina del Norte, *Students for Fair Admissions v. University of NC*, et al., que se centró en el impacto en los solicitantes caucásicos y asiático-americanos en la Universidad de Carolina del Norte y que se decidió a favor de la escuela en octubre de 2021. Ambas peticiones buscaban que el tribunal anulara *Grutter v. Bollinger*. En Harvard, la SFFA preguntó si las prácticas de admisión de Harvard violaban el Título VI de la Ley de Derechos Civiles dados los posibles procesos de selección neutrales en cuanto a raza, mientras que en Carolina del Norte preguntaron si una universidad puede rechazar un proceso de admisión neutral en cuanto a raza si cree que necesidad de proteger la diversidad del alumnado y la calidad de la educación.

Harvard presentó un escrito contrario para que la Corte Suprema rechazara la petición de SFFA. En junio de 2021, la Corte solicitó que el gobierno de los EE. UU. presentase un escrito de su postura sobre el caso, y en diciembre, el Fiscal General de los Estados Unidos bajo la administración de Biden instó a la Corte Suprema a rechazar la apelación.

La Corte Suprema certificó ambas peticiones el 24 de enero de 2022 y las consolidó bajo Harvard. Después de que Ketanji Brown Jackson testificara durante su audiencia de confirmación que se recusaría del caso porque forma parte de la Junta de Supervisores de Harvard, la Corte Suprema separó los dos casos, permitiéndole participar en el caso de la UNC. Ambos casos fueron argumentados el 31 de octubre de 2022. La Corte recibió treinta y tres escritos *amicus curiae* en apoyo de la asociación demandante y sesenta en apoyo de las Universidades de Harvard y de Carolina del Norte.

Entre los que apoyaban a SFFA, catorce senadores y 68 representantes, así como 19 estados, escribieron que la jurisprudencia *Grutter* era incompatible con la Cláusula de Igualdad de Protección. Otros escribieron que las políticas de admisión en Harvard y la Universidad de Carolina del Norte eran discriminatorias en el sentido de que cualquier favoritismo hacia una raza resulta en discriminación hacia otras. Otros argumentos en los informes de apoyo de la SFFA, incluidos los del Instituto Cato y la Fundación Legal del Pacífico, consideraron que las políticas de acción afirmativa son generalmente arbitrarias, no mejoran la diversidad en los campus y también violan la asignación de fondos federales bajo el Título VI.

En apoyo a las universidades, tanto la administración de Biden como varios senadores actuales y anteriores escribieron que históricamente, tanto el poder legislativo como el ejecutivo han trabajado para combatir los desequilibrios raciales a través de la acción de afirmación y no tienen la intención de violar el Título VI. Sesenta y cinco senadores y representantes afirman que, a pesar de Brown y Grutter, la segregación en las escuelas K-12 continúa empeorando y se necesitan políticas de acción afirmativa para luchar contra el desequilibrio racial. Varios grupos, incluida la Asociación Estadounidense de Abogados, la Asociación Estadounidense de Psicología y la Unión Estadounidense de Libertades Civiles, escribieron para respaldar que la diversidad racial es esencial para la universidad y más allá.

Varios grupos asiático-estadounidenses se personaron como *amicus* en apoyo de las políticas de admisión basadas en la raza, entre los que se cuentan el Asian American Legal Defense and Education Fund, que representa a 44 grupos asiático-americanos y profesores de educación superior, y el Asian Americans Advancing Justice, que representa a varios estudiantes asiático-americanos. El Fondo de Educación y Defensa Legal de la NAACP presentó un informe en apoyo de Harvard, representando a 25 organizaciones de estudiantes y ex alumnos de Harvard que consisten en «miles de estudiantes y exalumnos asiático-americanos, negros, latinos, nativos americanos y blancos». Una publicación legal posteriormente argumentó que los procedimientos de admisión de Harvard «perjudican a los estudiantes afroamericanos e hispanos mejor posicionados para traer perspectivas instructivas y subrepresentadas a la universidad».

El presidente del Tribunal Supremo Roberts escribió la sentencia de la mayoría d. Tanto *Harvard* como *Carolina del Norte* se decidieron conjuntamente el 29 de junio de 2023, y el Tribunal dictaminó que las admisiones basadas en la raza adoptadas tanto por la Universidad de Harvard como por la Universidad de Carolina del Norte eran inconstitucionales por lesionar la Cláusula de Protección Igualitaria de la Decimocuarta Enmienda. Jackson se había recusado en Harvard, tomando su decisión con base en un voto de 6 a 2, mientras que se unió a los disidentes en Carolina del Norte, lo que resultó en un voto de 6 a 3 allí. La opinión mayoritaria, escrita por Roberts, afirmó que la raza no puede ser un factor consciente en la admisión a las universidades. No impide que las universidades entablen conversación con el alumno acerca de cómo su raza ha impactado en su vida, siempre y cuando esa discusión esté vinculada concretamente a una cualidad de carácter o habilidad que el solicitante en particular podría desplegar en la universidad.

En representación de la opinión de la mayoría, el juez Roberts escribió que la Cláusula de Igual Protección de la Decimocuarta Enmienda se aplica «sin tener en cuenta ninguna diferencia de raza, color o nacionalidad» y, por lo tanto, debe aplicarse a todas las personas. Como tal, «Eliminar la discriminación racial significa eliminarla por completo», agregando que «[l]a garantía de igual protección no puede significar una cosa cuando se aplica a un individuo y otra cosa cuando se aplica a una persona de otro color». Roberts escribió que los programas de acción afirmativa «carecen de objetivos suficientemente enfocados y medibles que justifiquen el uso de la raza, inevitablemente emplean la raza de manera negativa, involucran estereotipos raciales y carecen de puntos finales significativos. Nunca hemos permitido que los programas de admisión funcionen de esa manera, y no lo haremos hoy».

Hubo tres votos concurrentes a la sentencia de la mayoría. Los jueces Thomas, Gorsuch y Kavanaugh presentaron cada uno sus propios escritos a los efectos. En su concurrencia, el juez Thomas presentó un argumento originalista a favor de la «constitución ciega» y también citó estadísticas que indican que las admisiones a las universidades con conciencia racial se realizan a expensas del valor individual de un estudiante. Clarence Thomas también escribió que si bien es dolorosamente consciente de los estragos sociales y económicos que han sufrido mi raza y todos los que sufren discriminación, mantengo una esperanza duradera de que este país esté a la altura de sus principios, establecidos en la Declaración de Independencia y en la Constitución de Los Estados Unidos, especialmente aquel que reza que todos los hombres son creados iguales, son ciudadanos iguales y deben ser tratados por igual ante la ley.

En una opinión disidente a la que se unió la Juez Kagan, la Juez Sotomayor escribió que ignorar la raza no igualará a una sociedad que es racialmente desigual. Lo que era cierto en la década de 1860, y nuevamente en 1954, es cierto hoy, en pleno 2023: la igualdad requiere el reconocimiento de la desigualdad. Sotomayor arguye a mayores que la interpretación de la Decimocuarta Enmienda por parte de la mayoría del Tribunal Supremo no solo es contraria al precedente y a todas las enseñanzas de nuestra historia, sino que también se basa en algo ilusorio: que la desigualdad racial es un problema residenciado en anteriores generaciones.

En una opinión disidente separada, la Juez Jackson escribió que la mayoría tira de la cuerda y conmina a la «ceguera para todos» por decreto legal. Pero considerar que la raza es irrelevante a ojos de la ley no significa que lo sea en la vida. Le resulta muy desafortunado que la Cláusula de Igual Protección realmente exigiera este resultado perverso, ahistórico y contraproducente. Imponer este resultado en nombre de la igualdad obstruye nuestro progreso colectivo hacia la plena realización de la promesa igualitaria, lo que constituye una verdadera tragedia para todos.

Hubo reacciones desde diversos ámbitos. El expresidente Donald Trump dijo que era un gran día para Estados Unidos y que las personas con habilidades extraordinarias para el éxito, incluida la grandeza futura de nuestro país, finalmente están siendo recompensadas. Este era el fallo que todos esperaban, a su mejor parecer. El exvicepresidente Mike Pence dijo que no hay lugar para la discriminación racial en los Estados Unidos, manifestándose complacido porque la Corte Suprema haya puesto fin a esta flagrante violación de los derechos civiles y constitucionales en los procesos de admisión, que solo servían, a su juicio, para perpetuar el racismo. Ron DeSantis, dijo que las admisiones a las universidades deben basarse en el mérito y los solicitantes no deben ser juzgados por su raza o etnia. La Corte Suprema ha defendido correctamente la Constitución y ha puesto fin a la discriminación por parte de las universidades. Por su parte, Vivek Ramaswamy arguyó que la acción positiva era un experimento gravemente fallido y, en dicho sentido, debía ponerse el último clavo en su ataúd y restaurar la meritocracia. Los senadores republicanos Mitch McConnell, Tom Cotton, Tim Scott y Marsha Blackburn expresaron su apoyo a la decisión.

En el otro sector, el presidente Joe Biden dijo que esta no era una corte normal y que Estados Unidos necesitaba un nuevo camino a seguir que sea consistente con la ley. El líder de la mayoría en el Senado, Chuck Schumer, dijo que el fallo de la Corte Suprema «es un gran obstáculo en la consecución de la justicia racial». Otros demócratas del Congreso, como el senador Cory Booker, el líder de la minoría en la Cámara Hakeem Jeffries y el congresista Hank Johnson expresaron su desacuerdo con la decisión. El expresidente Obama dijo que, como cualquier política, la acción positiva no es perfecta, pero permitió que generaciones de estudiantes como él mismo o su mujer demostraran su valía. La propia Michelle Obama dijo que se le rompía el corazón al pensar qué le depararía el futuro a cualquier joven.

El presidente y director ejecutivo de una de las principales asociaciones de derechos civiles del país, Derrick Johnson, dijo que la acción afirmativa existe porque no podemos depender de los colegios, universidades y empleadores para promulgar prácticas de admisión y contratación que abarquen la diversidad, la equidad y la inclusión, y que la raza juega un papel innegable en la formación de las identidades y la calidad de vida de los afroamericanos. En una sociedad todavía marcada por las heridas de las disparidades raciales, la Corte Suprema muestra una ignorancia deliberada de la realidad americana, a su juicio.

El presidente y director ejecutivo del Comité de Abogados por los Derechos Civiles Bajo la Ley, Damon Hewitt, dijo que «No importa lo que diga este tribunal, seguiremos luchando. No importa lo que diga este tribunal, nada puede privarnos de lo que llamamos un un futuro consciente de la raza. El futuro que merecemos, el futuro que merecen los estudiantes. Porque la acción afirmativa y las admisiones holísticas no son una limosna. Ni siquiera es realmente una ayuda. Es lo que los estudiantes merecen cuando aportan todo su ser a la mesa».

El fundador de Students for Fair Admissions, Edward Blum, expresó «el comienzo de la restauración del pacto legal que une a nuestra nación multirracial y multiétnica», y agregó que «Estas prácticas de admisión discriminatorias socavaron la integridad de nuestras leyes de derechos civiles».

El presidente de la Universidad de California, Michael V. Drake, dijo en un comunicado que el fallo pone fin a una «práctica valiosa que ha ayudado a las instituciones de educación superior a aumentar la diversidad y abordar errores históricos en las últimas décadas»[75]. La presidenta de California, Carol

75 «(...) muchas veces es mejor eliminar un error que establecer una nueva verdad (...)». Así lo expresa Golombek, D.; *La ciencia de las (buenas) ideas. Manual de evidencias para la creatividad, la innovación y el pensamiento disruptivo*, Siglo XXI Editores, Buenos Aires, 2022, p. 45.

Folt, dijo que «no retrocederemos». y que «Esta decisión no afectará nuestro compromiso de crear un campus que sea acogedor, diverso e inclusivo para personas talentosas de todos los orígenes». El presidente de la Universidad Johns Hopkins, Ron Daniels, calificó el fallo de la corte como un «retroceso significativo en nuestros esfuerzos por construir una comunidad universitaria que represente la rica diversidad de Estados Unidos». Los funcionarios de la Universidad Rice calificaron el fallo de «decepcionante».

El portavoz de la Universidad de Columbia, Ben Chang, dijo que «la diversidad es una fuerza positiva en todas las dimensiones de Columbia, y podemos y debemos encontrar un camino duradero y significativo para preservarla». La Universidad de Pensilvania dijo que «en pleno cumplimiento de la decisión de la Corte Suprema, buscaremos formas de admitir estudiantes individuales que contribuyan al tipo de comunidad excepcional que es esencial para la misión educativa de Penn».

b. La discriminación interseccional

Hasta la fecha, los esfuerzos desplegados han fructificado en un acercamiento indiciario a uno de los conceptos más abstrusos de la literatura feminista: la discriminación interseccional. Se entiende por esta cuando una persona aglutina diversas causas discriminatorias que dan lugar a un nuevo tipo de discriminación. Valga el ejemplo de una mujer negra de clase baja. Sufriría una discriminación por ser «mujer» (preterida frente al hombre), «negra» (preterida frente a la mujer y al hombre blancos) y «de clase baja» (preterida frente a la clase media y alta). A primera vista se parece a la discriminación múltiple, pero esta se refiere a la discriminación producida por diversos motivos que intervienen por separado, mientras que la discriminación interseccional es una situación en la que intervienen diversos motivos que interactúan entre sí de modo que resultan indisociables, hasta el punto de que dan lugar a una nueva discriminación[76]. Dicho con otras palabras, todos somos varias cosas a la vez y podríamos ser discriminados por ello (siempre que pertenezcamos a colectivos/grupos vulnerables).

Su origen se cifra en un trabajo de la jurista Kimberly Crenshaw, publicado en 1989, donde aparece por primera vez para buena parte de la doctrina. No obstante, Crenshaw se hace eco de un libro escrito desde el feminismo negro que data de 1982 y cuya versión final, siguiendo a Barrere Unzueta, parece que estuvo acabada en torno a 1977-1978. No obstante, la jurista española está de acuerdo con el hecho de que el trabajo de la primera es el pionero en abordar sistemáticamente la cuestión[77]. Por lo demás, dicho trabajo denun-

---

76 *Vid.* VV. AA.; *Manual de legislación europea contra la discriminación*, Agencia de los Derechos Fundamentales de la Unión Europea y Consejo de Europa, Luxemburgo, 2019.

77 *Vid.* Barrere Unzueta, M.; «La interseccionalidad como desafío al mainstreaming de género en las políticas públicas», *Revista Vasca de Administración Pública*, n.º 87-88, p. 229.

ciaba la excesiva «blancura» del feminismo y abogaba por cambiar tal estado de cosas. Las mujeres blancas habrían hablado por boca de todas las mujeres y de su experiencia individual habrían inferido las experiencias totales de todas ellas. Así es como, desde la teoría crítica de la raza y el feminismo negros se da pábulo a la noción de interseccionalidad, para agrupar a colectivos dejados de lado hasta el momento: latinas, minorías y etnias racializadas, asiáticas, disidencias sexuales, antigordofóbicos y cada vez un más largo etcétera[78]. Incluso quienes defienden la operatividad del precepto reconocen que la discriminación interseccional es «difícil de identificar» y «difícil de juzgar y denunciar»[79].

Los orígenes del concepto son debatidos en la doctrina. Según Haidt y Lukianoff una de las principales voces que impulsó la interseccionalidad fue Angela Davis, la histórica líder del Partido Comunista y de los Panteras Negras.[80] La idea de fondo es más o menos clara: en una misma persona que pertenece a un colectivo vulnerable —¿qué será un colectivo vulnerable? ¿Quién lo determina? ¿Cómo se hará?— pueden anidar diversas causas por las que se discrimina *objetivamente* y, por ello, unas no excluyen a las otras, antes, al contrario, hay que redoblar los esfuerzos para combatirlas.

La noción, como se puede ver, es tan voluntarista como escurridiza. La doctrina es pacífica en cuanto a su origen: una jurista feminista y activista por los derechos civiles llamada Kimberlé Crenshaw acuñó el concepto en un estudio publicado en 1989. Esta autora quería reflexionar sobre las formas en que nuestras identidades interactúan entre sí para producir unos efectos que no son meramente la suma de cada una de ellas y poder detectar las «múltiples discriminaciones» que sufren. Las reacciones sociales negativas que generan tampoco serían la respuesta desde diferentes lugares que discriminan, pues estas pueden variar.

No obstante, autores como Appiah han anotado que gozar de una identidad no autoriza *per se* nadie a hablar en nombre de todas las personas que comparten esa identidad. Algo o alguien debe atribuir ese plus, esa representatividad, para poder hacerlo. Si se atiende al argumento de la interseccionalidad, el trato que ofrecen los demás afecta a nuestra experiencia, aunque no por ello otorga garantía alguna de que lo aprendido por una persona sea

---

78 En uno de los principales trabajos sobre la materia el enfoque interseccional se identifican las siguientes identidades: género, raza, clase, sexualidad, ciudadanía, *capaciticismo*, *edadismo* «y otras identidades usadas a nivel mundial para marginalizar grupos». *Vid.* ROMERO, M.; «Introduction: intersectionality and transforming the production of knowledge». En ROMERO, M. (ed); *Research Handbook on Intersectionality*, Edward Elgar Publishing, Cheltenham-Northampton, 2023, p. 1 y ss.

79 FRÍAS, M.; *La interseccionalidad de la discriminación por razones de raza, etnia y género*, Proyecto «Convivir sin discriminación: un enfoque basado en los derechos humanos y la perspectiva de género», Madrid, 2022, p. 16.

80 HAIDT, J.; Y LUKIANOFF, G.; *op. cit,* p. 145 y ss.

igual que lo aprendido por las personas de la misma identidad (quizá porque la identidad es inherentemente plural y no existe algo así como una única y misma identidad). Una persona transgénero en España, con carácter general, tiene una situación vital apenas parecida a la que viven las personas transgénero *kothis* de la India, ejemplo que habla por sí mismo[81].

Como el sistema es irremediablemente discriminador (otro significante vacío este de *sistema*, muy querido por las tesis posmodernas), no es de extrañar que las propuestas interseccionales acaben apostando por invertir la carga de la prueba, en teoría (bajo el pretexto) de que lo contrario estigmatiza a quien es —o dice ser— víctima de múltiples discriminaciones[82].

Conviene recordar, junto a Judith Shklar —la primera Catedrática de Ciencia Política de la Universidad de Harvard, tan ignorada en los trabajos feministas al uso como profundidad y garra tiene su pensamiento— que ser víctima no es una cualidad sino una condición, en concreto una condición que nadie en su sano juicio elige, sino que, desgraciadamente, suele depender de la voluntad de otros.

Aunque suene extraño a según qué mentes a veces no es ninguna acción concreta de una persona que desea dañar a otra; a veces son fenómenos naturales; a veces son pandemias; a veces son imponderables de la vida; otras son accidentes. Y sí, en algunas ocasiones son personas que hacen daño a otras. Pero claro, la reflexión sosegada cierra el paso a la posibilidad, siempre tentadora y nunca abandonada, a la hora de buscar, con denuedo y sin desmayo, culpables que poner en la picota. De nuevo con otras palabras: la construcción de un enemigo no es que seduzca intelectualmente, es que es condición *sine qua non* como trampolín para demostrar lo necesario de su enfoque y de las medidas propuestas[83].

En este tipo de debates se vende la existencia de un colectivo dominante y el resto de los colectivos, siempre dominados. Estos últimos empiezan a articular sus demandas y reivindicaciones en torno a un arsenal conceptual teórico, jurídico y político propio, que los lleva a inventar una auténtica neo-lengua, con palabras como patriarcado, heteropatriarcado, heteronormativo, minorías racializadas, discriminación interseccional, y un largo etcétera. En palabras de Erriguel, no se trata de argumentar sino de seducir. No se trata

81 APPIAH, K. A.; *Las mentiras que nos unen. Repensar la identidad. Creencias, país, color, clase, cultura*, Taurus, Barcelona, 2019.

82 En nuestra Constitución, huelga decirlo, tal concepto no aparece formulado como tal en precepto alguno. Pero ello no es óbice para descartar de plano que no tenga anclaje constitucional, por ejemplo, en el artículo 14 CE. Hemos rastreado el concepto en nuestra jurisprudencia constitucional y la única referencia explícita que hemos hallado es la que hace el Magistrado Xiol Ríos en su voto particular discrepante a la STC 1/2021, de 25 de enero. Véase el tratamiento doctrinal que realiza REY MARTÍNEZ, F.; *Derecho*..., cit, p. 57 y ss.

83 La idea se toma de SHKLAR, J.; *Vicios ordinarios*, Fondo de Cultura Económica, México, 1990, p. 36 y ss.

de refutar sino de intimidar. Lo que se le pide al lenguaje no es que sea verdadero, sino que sea atractivo y efectivo. Que sea empleado como arma[84]. En suma, estamos en presencia de un vocablo propio de una neolengua, creado para castigar al enemigo, aglutinar a los potenciales amigos y proteger así a la ideología del malintencionado ataque de lo real.

Según Patrick Deneen, politólogo norteamericano, la interseccionalidad es la equiparación de la experiencia de las personas negras con todos los grupos oprimidos. Juntos derrocarán a la clase dominante. Pero ya se atisba el tumulto: todos los grupos compiten por ser el dominante dentro de esa interseccionalidad, abrogándose la capacidad de ser «el más oprimido» o «las mayores víctimas». Su auge ha coincido con el empeoramiento de las condiciones y circunstancias laborales y vitales de la clase trabajadora blanca en occidente. Estos son «privilegiados» mientras que *los Obamas* del mundo son explotados. En lugar de aceptar las cosas tal y como son, están obsesionados con transformarlo todo. Con destruirlo, aunque lo disfracen de «progreso». Recordémoslo otra vez: combatir la ideología del progreso no es oponerse a las reformas y a las mejoras[85].

Según la *Estrategia por la igualdad de género* de la Unión Europea para el periodo comprendido entre 2020-2025, la interseccionalidad podría definirse como aquella situación donde la persona resulta discriminada por varios motivos/causas que operan simultáneamente. Por ejemplo, una mujer, trans, negra, pobre, que vive en los arrabales de Baltimore, sería una mujer donde confluyen, *interseccionan* (ni siquiera el Word reconoce el término) hasta cinco discriminaciones. Pero esta tesis también parece dar cabida a una concepción «clasista» entre discriminaciones. Una mujer viviendo en España es presa del patriarcado, según dicha doctrina; pero una mujer *trans* en España es presa del patriarcado y, además, de la mentalidad *cis*, lo cual sería todavía *peor*[86].

La ONU ha reconocido la noción en algunas Recomendaciones de la CEDAW y del CEDR, desde el año 1999 hasta el 2017, pasando por 2008, 2010, 2014 y 2016. Ni el TEDH ni el TJUE han aplicado la discriminación interseccional en ninguna de sus sentencias. Dicho lo cual, el artículo 14 CEDH y el Protocolo 12 prohíben la discriminación, al igual que el artículo

---

84 *Vid.* Erriguel, A.; *Pensar lo que más les duele. Ensayos metapolíticos*, Homo Legens, Madrid, 2020, p. 194 y ss.

85 *Vid.* Deneen, P.; *Cambio de régimen. Hacia un futuro posliberal*, Homo Legens, Madrid, 2023, p. 245 y ss.

86 Hay dos obras fundamentales que sirven para entender los peligros que acechan detrás de estos planteamientos. La de Murray, D.; *La masa enfurecida. Cómo las políticas de identidad llevaron al mundo a la locura*. Península, Barcelona, 2020; y la de Appiah, K. A.; *Las mentiras que nos unen. Repensar la identidad*, Taurus, Barcelona, 2019. Desde la perspectiva constitucional estudia la cuestión Rey Martínez, F.; *Derecho antidiscriminatorio*, Cizur Menor, Aranzadi, 2020.

21 de la Carta de Derechos Fundamentales. Ese sería el anclaje normativo europeo de una eventual discriminación interseccional, aunque el TJUE ha dicho que no le compete ampliar los motivos discriminatorios regulados en el Derecho derivado.

La CIDH podría haber sentado la base para hacerlo en la sentencia conocida como «Campo Algodonero», *caso González y otras c. México*, de 2009. En 2015 aboga por primera vez, en el *caso Gonzáles Lluy y otros c. Ecuador*, por emplear un enfoque interseccional ante el supuesto de una niña con VIH que había sido discriminada, pero no concreta más allá. Los tribunales norteamericanos tampoco han sido receptivos a la idea, lo cual es especialmente sintomático, siendo como es el país de su origen intelectual[87].

En cuanto a la legislación estatal, debemos destacar las siguientes normas.

Sin duda, la norma más importante dictada en los últimos tiempos es la Ley 15/2022, de 12 de julio, integral para la igualdad de trato y la no discriminación. En el artículo 4 declara prohibida la discriminación interseccional. En el artículo 6.2 define este tipo de discriminación: «cuando concurren o interactúan diversas causas de las previstas en esta ley, generando una forma específica de discriminación», añadiendo a continuación que la diferencia de trato «debe darse en relación con cada uno de los motivos de discriminación» y que las eventuales acciones positivas a adoptar para revertir la discriminación deben atender a la concurrencia de dichas causas.

La Ley Orgánica 1/2023, de 28 de febrero, por la que se modifica la Ley Orgánica 2/2010, de 3 de marzo, de salud sexual y reproductiva y de la interrupción voluntaria del embarazo, establece como principio rector la atención a todos los «factores superpuestos» de discriminación [(artículo 3.1.e)]; la participación de las mujeres desde una «óptica interseccional» [(artículo 3.1.h)]; difundir conocimiento especializado en la materia objeto de regulación legal desde una perspectiva «interseccional» (artículo 5.2.f); y atender la salud sexual y/o reproductiva desde un enfoque antidiscriminatorio e «interseccional» [(artículo 7.b y artículo 7.b. bis)].

La Ley 3/2023, de 28 de febrero, de Empleo alude a que los posibles programas de acción positiva se reforzarán cuando se produzcan situaciones de interseccionalidad (artículo 50.1). También se tendrá en cuenta dicho enfoque cuando se elabore el perfil de la persona usuaria.

La Ley 4/2023, de 28 de febrero, para la igualdad real y efectiva de las personas trans y para la garantía de los derechos de las personas LGTBI, establece en su artículo 3 c) que se entenderá por discriminación múltiple e interseccional: «cuando una persona es discriminada, de manera simultánea o consecutiva, por dos o más causas de las previstas en esta ley, y/o por

87 *Vid.* Frías, M.; *La interseccionalidad de la discriminación por razones de raza, etnia y género*, Proyecto «Convivir sin discriminación: un enfoque basado en los derechos humanos y la perspectiva de género», Madrid, 2022, p. 45 y ss.

otra causa o causas de discriminación previstas en la Ley 15/2022, de 12 de julio, integral para la igualdad de trato y la no discriminación. Se produce discriminación interseccional cuando concurren o interactúan diversas causas comprendidas en el apartado anterior, generando una forma específica de discriminación».

La Ley 3/2022, de 24 de febrero, de convivencia universitaria establece, en su art. 4.4, que la perspectiva interseccional deberá atenderse para asegurar los derechos de las personas con discapacidad o cualquier otra desigualdad social.

En cuanto a la legislación autonómica, reseñamos la catalana Ley 9/2022, de 21 de diciembre, de la Ciencia, que establece como principio ordenador del sistema de investigación catalán «la igualdad de mujeres y hombres en la carrera científica y la incorporación de la perspectiva de género e interseccional en todas las dimensiones y fases de la investigación, el desarrollo y la innovación» [(artículo 6.º j)].

Asimismo, cuenta la Ley 5/2022, de 8 de julio, de Políticas de Juventud, de las Islas Baleares. Conmina a que se tenga en cuenta la interseccionalidad en la situación de las mujeres jóvenes (artículo 9.2.h), amén de establecer dicha interseccionalidad como un principio rector de la política de juventud, definiéndola como: «la interacción entre los ejes de desigualdad existentes, como los derivados del género, el origen, la lengua, la clase social, las capacidades diversas, la sexualidad o la diversidad étnica, entre otros» [(artículo 24. j)]

También la Ley 7/2023, de 20 de abril, de igualdad efectiva de mujeres y hombres de La Rioja. Su artículo 4.3. establece que la: «la interseccionalidad, que comprende las técnicas de análisis y planificación que tienen en cuenta la interacción que se produce cuando concurren el género y otras causas de discriminación previstas en la Ley 15/2022, de 12 de julio, integral para la igualdad de trato y la no discriminación, con el objetivo de atender a la diversidad de las mujeres, mediante la puesta en marcha de mecanismos de antidiscriminación de acción integral». Posteriormente, el artículo 17 dirá que: «La Administración de la Comunidad Autónoma de La Rioja integrará el enfoque de interseccionalidad en el diseño, implementación, seguimiento y evaluación de las políticas públicas, especialmente en las de inclusión social, visibilizando y atendiendo a la pluralidad de los desarrollos identitarios de las mujeres y a las situaciones de discriminación múltiple por diversas razones, entre otras, la orientación sexual, identidad sexual, expresión de género y características sexuales de las mujeres. 2. Para este fin, se promoverá la investigación y el desarrollo de conocimientos y metodologías que permitan una mejor integración de dicho principio en el conjunto de las políticas públicas».

La Comunidad Autónoma del País Vasco aprobó el Decreto Legislativo 1/2023, de 16 de marzo, por el que se otorga legalidad el texto refundido de la Ley para la Igualdad de Mujeres y Hombres y Vidas Libres de Violencia Machista contra las Mujeres. En él se establece que uno de los principios de funcionamiento de los poderes públicos debe ser «la integración de la perspectiva interseccional», lo que «supone tener en cuenta cómo el sexo o el género se interrelacionan e interaccionan con el resto de los factores referidos en el último apartado del artículo 3.1 en múltiples y, a menudo, simultáneos niveles, cómo se generan identidades solapadas e intersecadas, así como diferentes e interrelacionadas situaciones y ejes de poder y opresión». Cuando acudimos al artículo 3.1 nos encontramos con hasta 25 motivos de potencial discriminación (y su numerus apertus pertinente). Concretamente: «situaciones de discriminación como raza, color, origen étnico o social, lengua, religión, cultura, opiniones políticas o de otro tipo, pertenencia a una minoría nacional, patrimonio, nacimiento, configuración familiar, discapacidad, edad, orientación sexual, identidad sexual o de género, expresión de género, condición rural, situación migratoria, de refugiada, de seropositividad, de monoparentalidad o cualquier otra condición o circunstancia personal, social o administrativa».

Según la misma norma, los medios de comunicación social deberán programar teniendo en cuenta «la perspectiva de género e interseccional en los contenidos» (artículo 29), así como cuando se realicen encuestas públicas sobre violencia machista (artículo 55.2). La formación del personal dedicado a la creación de políticas y programas deberá hacerse, en fin, «desde un enfoque de derechos humanos, de género y feminista, y desde una perspectiva interseccional» (artículo 57.7). La actualización de los protocolos policiales, sobre todo en casos de violencia machista, deberá hacerse considerando «la perspectiva de género y la interseccionalidad» [(artículo 63, g)].

Finalmente, debemos aludir a la Ley 3/2023, de 29 de marzo, de Cooperación y Solidaridad Internacional de Extremadura. Un principio inspirador es el «enfoque de interseccionalidad: entendido como una categoría de análisis que permite visibilizar las opresiones y los privilegios que ostenta cada persona con relación a su pertenencia a múltiples categorías sociales y culturales tales como el sexo, el género, la diversidad sexual, de identidad y expresión de género, edad, etnia, discapacidad, estatus económico, nacionalidad, entre otros ejes de opresión y cómo éstas se cruzan entre sí» [(artículo 3.j)]

Nuestra jurisprudencia constitucional todavía no contempla el concepto, aunque barruntamos su próxima inclusión. En el FJ2 de la STC 67/2022, dirá que: «Hasta el momento, la jurisprudencia constitucional no ha realizado una construcción jurídica específica sobre las nociones de sexo y de género, sino que se refiere indistintamente a uno y otro concepto sin dotarlos de un contenido específico, teniéndolos por sinónimos, como por otro lado, ha venido haciendo tanto el legislador estatal, como el legislador autonómico, en la normativa sobre igualdad entre hombres y mujeres desarrollada con amplitud, desde mediados de la primera década del siglo XXI (...). Pero en las últimas dos décadas, el desarrollo de la normativa sobre igualdad de trato en sentido amplio, la evolución de la teoría sobre la igualdad entre hombres y mujeres y sobre las discriminaciones interseccionales, y el reconocimiento de los derechos al desarrollo de la propia orientación sexual y de la identidad de género como dimensión del pleno desarrollo de la personalidad, han puesto de manifiesto la necesidad de precisar la definición de los conceptos de sexo y de género, para distinguirlos. Aparecía ya cierta conciencia de la distinción en el fundamento jurídico 9 de la STC 59/2008, de 14 de mayo, al precisar que el término género, que titulaba la Ley Orgánica 1/2004, no se refería a una discriminación por razón de sexo».

La interseccionalidad, como se ha podido ver, es un intento loable de no dejar a nadie atrás y que se muestre y discuta en público la canalización de las demandas antidiscriminatorias de una parte de la sociedad que se dice invisible. Pero conviene recordar de dónde vienen estas demandas, quienes las articulan y, sobre todo, con qué objetivos.

La interseccionalidad es un concepto netamente académico, teorizado por algunos profesores norteamericanos desde sus despachos de la Ivy League. Viene de los sectores más radicales, especialmente de la teoría crítica de la raza y del feminismo de nuevo cuño, con todo lo que eso implica y que se puede resumir en pocas trazas: una crítica brutal y despiadada contra el hombre (y la mujer) blancos. La escuela crítica del Derecho es una escuela revolucionaria en la medida en que desea subvertir los cimientos del Derecho. Combinada con la teoría crítica sobre la raza dan pie a un mundo dicotómico en el que las personas negras se dan cuenta de su discriminación, pero los blancos no, y ahí reside su privilegio.

La interseccionalidad florece en los campus universitarios norteamericanos y en instituciones de élite. Quieren responder a una pregunta nada sencilla: ¿cómo golpea a un individuo los prejuicios basados en identidades marginalizadas? ¿Cómo hacer que una mujer negra deje de sufrir discriminaciones que, por lo demás, no padecen ni las mujeres blancas ni los hombres negros? El lector se habrá dado cuenta ya de que al fiarlo todo al componente identitario se produce el inevitable choque con el universalismo liberal, queriendo superar este. Donde unos reclaman identidades colectivas otros abogan por la persona alejada de cualquier identidad. Lo paradójico del asunto es que los primeros pretenden superar algo que acaban consignando y perpetuando: no puedes no «sentirte» parte de ese colectivo marginalizado, necesitan que seas una víctima. Por eso cuando personas como Morgan Freeman y Denzel Washington han defendido la igualdad de oportunidades y la posibilidad de poder prosperar dentro del sistema, no contra el sistema, han sentado tan mal en el seno de la comunidad negra interseccional: porque demuestran tanto su falsedad en el diagnóstico (el sistema es racista en su estructura y no puede dejar de serlo) y en el pronóstico (hay que sustituirlo por otro, sin decir cuál).

Otro aspecto discutible de la interseccionalidad es que pareciera necesitar estar en constante expansión. Cuantos más colectivos sumen, tanto mejor. Aunque una reflexión a vuelapluma se abre paso inmisericordemente: ¿cómo van a lograr gestionar tal cantidad de diversidad, cada una con sus filias y fobias? ¿Quién las representa? ¿Cómo? Su fortaleza deviene debilidad. Si las causas discriminatorias tienden al infinito, pero no pueden reducirse a lo individual, ¿cómo se va a alcanzar su solución definitiva? ¿Acaso el objetivo inconfesable de sus defensores será mantener viva la llama en la agenda, ahora con la interseccionalidad, sin querer solventar una sola discriminación? ¿Promover retóricamente un cambio revolucionario de sistema sin ayudar a una sola persona en realidad?

Otro problema que parece irresoluble es el que deriva de constatar que, con la doctrina interseccional en la mano, ahora una mujer puede ser la opresora de otra mujer. La sororidad salta por los aires. Una mujer blanca de clase alta oprimiría a una mujer negra de clase baja. El feminismo interseccional podría contener una semilla de esperanza para, pongamos por caso, el hombre homosexual, esclavo, blanco, con el que se identificaría en cuanto a disidente sexual (homosexual) y explotado (condición de esclavitud). La doctrina acoge a cualquiera que desee ventilar cualquier opresión que se dé en la sociedad de turno. O, dicho con otras palabras: «corregir la injusticia de las mujeres es una acción relacional: su significado solo se capta en relación con las otras injusticias que se dan en el resto de la sociedad. Anular la discriminación femenina debe coordinarse con el propósito de anular el resto de discriminaciones»[88].

El lector también habrá notado que la interseccionalidad pretende resolver los problemas a base de perpetuarlos. Donde la doctrina liberal era ciega al color y apostaba por la neutralidad constitucional (y tener por sospechosa cada diferenciación normativa basada en ese o en otros atributos sensibles, como el sexo), ahora la doctrina interseccional pone en el centro la condición inherente e inmutable para defender una suerte de nacionalismo negro o femenino y la segregación, no los derechos humanos universales y la cooperación.

La identidad y la posición social de cada uno influyen en su acceso al conocimiento, dirán los interseccionales posmodernos. El punto de vista determina. El conocimiento es situado. El activismo académico y político se explicita claramente: no solo tratan de comprender la sociedad en la que vivimos, sino que pretenden cambiarla de arriba a abajo. Llegados a este punto es importante reseñar que adscribir a los blancos o a los hombres profundos fallos morales y de carácter, de palabra y de obra, como consecuencia de vivir en una sociedad gobernada por hombres blancos, suena a racismo y misandria. No obstante, esos planteamientos serán una constante y fuente de renovado activismo político. El número de ejes que pueden *interseccionar* tienden a infinito, pero no pueden reducirse a lo individual. Hay que hacer más negra la teoría *queer* de Butler, ella misma representante de un feminismo posmoderno *demasiado* blanco.

---

88 *Vid.* Saralegui, M.; *Breve historia del pensamiento político*, Guillermo Escolar, Madrid, 2022, p. 275.

Andando en el tiempo, la propia Crenshaw anotaba que la interseccionalidad había ido mucho más lejos de lo que ella mismo previó. Se había convertido antes en una manera de hablar dentro de las identidades marginalizadas que de una forma de resolver o aliviar la opresión. Los autores que han estudiado en profundidad la cuestión no pueden dejar de decirlo alto y claro: genera gran cantidad de divisiones, pesimismo y cinismo, amén de una profunda paranoia y abierta hostilidad. El hecho de creer, por ejemplo, que el racismo o el sexismo están por todas partes, que tienen el aquí dudoso don de la ubicuidad, a la espera de ser descubierto, no ayuda a nadie a superar su discriminación particular. Es sabido que lo bueno es enemigo de lo mejor. Lo individual queda preterido por lo general. Con sus propias palabras: «El propósito principal de la Teoría crítica de la raza y la interseccionalidad es acabar con el racismo a través del inverosímil método de hacer que todo el mundo sea consciente de la raza siempre y en cualquier lugar (...). Debemos presuponer que siempre está teniendo lugar algún tipo de racismo y nuestro deber es examinar las situaciones en busca de pruebas»[89].

Presuponer que cada vez que se produce una interacción entre una persona negra y una blanca existe un desequilibrio de poder es fomentar el pensamiento paranoico y la hostilidad. Esto hace que en el ámbito académico se construyan teorías sobre teorías, imposibles de demostrar o falsar. Sus defensores son inasequibles al desaliento y buscan activamente ofensas ocultas o manifiestas, sin permitir alternativas o atenuantes. Es así como se desarrollan cacerías y linchamientos públicos, lo que tensa aún más las relaciones sociales, susceptibles, escépticas e indignadas. De ahí a las muchedumbres enfurecidas y las humillaciones públicas hay un paso, cada vez más corto.

La situación ha llegado a un punto donde algunos estudios demuestran que los cursos de diversidad generan más hostilidad hacia los grupos marginalizados. Es muy torpe decirle a alguien que no es racista que sí lo es y que cualquier cosa que haga o diga sólo lo corrobora. Si se fijan en la raza son racistas y si no se fijan eso se debe a que son privilegiados, lo cual es racista. Este tipo de actitudes desagarran el tejido social, que no vuelve a unirse[90].

Otro aspecto problemático es que el modelo interseccional ignora la variable más relevante: la material, la clase económica. Ahora lo que manda es el «privilegio» y la conciencia de privilegio sustituye a la conciencia de clase, lo cual genera amplio resentimiento en la clase trabajadora hacia esta noción de interseccionalidad. Dicho sea de paso, el único hombre que quizá sea

89 *Vid.* Pluckrose, H.; y Lindsay, J.; *Teorías cínicas. Cómo el activismo académico hizo que todo girara en torno a la raza, el género y la identidad... y por qué esto nos perjudica a todos*, Alianza, Madrid, 2023, p. 161.

90 *Vid.* Pluckrose, H.; y Lindsay, J.; *Teorías cínicas. Cómo el activismo académico hizo que todo girara en torno a la raza, el género y la identidad... y por qué esto nos perjudica a todos*, Alianza, Madrid, 2023, p. 163.

indultado es aquel que presenta una identidad marginalizada adicional (es gordo, o negro, o pobre, o ...).

«Los datos ya son bastante queer. La ciencia ya sabe que existe la variación humana y que la naturaleza tiende a ser complicada»[91]. Es un buen resumen. O esta otra: «instamos a los seguidores de la Justicia Social a que se den cuenta de que, cuanto más se acerquen a su objetivo de controlar el discurso, más claro será que la suya es una ideología hegemónica: un discurso opresivo dominante que actúa para obtener el poder y, por tanto, debe ser deconstruido y desafiado. Estaremos encantados de ayudarles»[92].

Llegados a este punto, la pregunta sobreviene ineluctable: ¿qué ventajas e inconvenientes tiene la discriminación interseccional?

Como una primera ventaja podemos enunciar su complejidad y multidimensionalidad. El enfoque interseccional reconoce la complejidad de las identidades humanas y cómo diferentes formas de opresión pueden interactuar. Esto proporciona una comprensión más completa y precisa de las experiencias de las personas. Una segunda ventaja es su pretensión inclusiva. Al tener en cuenta múltiples factores, como la raza, el género, la clase social, o la orientación sexual, por mencionar algunos, el enfoque interseccional busca ser inclusivo y abarcar la diversidad de las experiencias humanas.

Una tercera ventaja reside en el hecho de reconocer privilegios y desventajas. Así, se permite la identificación y comprensión de cómo algunas identidades pueden estar vinculadas a sistemas de privilegios, mientras que otras están asociadas con desventajas. Esto es esencial para abordar las desigualdades sociales, siempre que no se quede en las páginas de un libro (o mejor que se quede, visto de *cierta* manera...). Ligado con lo anterior, se sitúa la cuarta ventaja, que es la contextualización de experiencias, pues ayuda a entender cómo las experiencias y desafíos individuales están moldeados por el contexto social, económico y político en el que florecen.

La quinta y última ventaja apreciada es que estas tesis son empoderantes. El enfoque interseccional puede empoderar a las personas al reconocer y validar sus experiencias únicas y complejas. También puede facilitar la construcción de coaliciones solidarias al mostrar las interconexiones de diversas luchas sociales.

No obstante lo dicho, la tesis interseccional tiene importantes zonas de sombra. En primer lugar, es especialmente compleja tanto en su enunciación como en la consideración de múltiples factores, lo que puede complicar el

---

91 *Vid.* PLUCKROSE, H.; Y LINDSAY, J.; *Teorías cínicas. Cómo el activismo académico hizo que todo girara en torno a la raza, el género y la identidad... y por qué esto nos perjudica a todos*, Alianza, Madrid, 2023, p. 313.

92 *Vid.* PLUCKROSE, H.; Y LINDSAY, J.; *Teorías cínicas. Cómo el activismo académico hizo que todo girara en torno a la raza, el género y la identidad... y por qué esto nos perjudica a todos*, Alianza, Madrid, 2023, p. 314.

análisis y la comprensión de las cuestiones sociales y dificultar su aplicación práctica. En segundo lugar, presenta una notable disfunción para tratar los asuntos siguiendo una lógica elemental. Como se centra en grupos concretos, se olvida del individuo, categoría elemental de la sociedad humana. No es ninguna novedad decir que lo que la ciencia sabe sobre los seres humanos lo sabe en tanto individuos, no como integrantes de esta o aquella intersección.

Una tercera consecuencia negativa tiene que ver con una eventual competencia entre las diferentes identidades. En algunos casos, el enfoque interseccional puede llevar a tensiones entre diferentes identidades, ya que algunas pueden recibir más atención o reconocimiento que otras y generar, así, una dinámica competitiva e incluso de búsqueda de dominio y hegemonía sobre las demás. ¿Justicia poética? ¿El cazador cazado?

La cuarta desventaja es la falta de consenso tanto en sus fundamentos teóricos como en su aplicación práctica. Esto puede conducir a interpretaciones diversas y a veces contradictorias de los fenómenos interseccionales. La quinta desventaja está estrechamente relacionada con esto y es el desafío en la implementación práctica en políticas concretas del arsenal teórico. Se dice desde estas tesis que existen múltiples barreras estructurales y culturales arraigadas que lo impiden, pero también cuenta en su debe el hecho de que no es capaz de articular una defensa coherente y lógica de sus postulados y ordenarlos en torno a acciones concretas.

2. Nuevas cuitas: el derecho a la libertad de creación literaria

Dentro de las preocupaciones *ex novo* destaca una que el aspirante presenta, quizá como patología, desde hace un tiempo razonable y que no deja de rondarle en sus desvelos: el derecho a la libertad de creación literaria. Tal cosa obedece a varias razones.

En primer término, no es ningún secreto decir que los profesores de universidad solemos ser (¡ay!) lectores, a ser posible de buena literatura. Esto tiene que ver con motivos de distinta índole. Huelga decir que, sin una adecuada protección constitucional de la capacidad de crear dicha literatura, no podríamos seguir teniendo la posibilidad de leer obras literarias. Por otro lado, leemos porque así conseguimos vivir otras vidas, hacernos partícipes de otros mundos, aprender, viajar, amar, sufrir, llorar y, en suma, emocionarnos a todos los niveles y de todas las maneras. Quizá no nos haga mejores, pero ¡qué momentos nos ha regalado! Para escribir este proyecto el aspirante pudo releer *El Quijote* —perdón por lo de releer— y tal extremo le confirma, punto por punto, dicha tesis.

En segundo término, es un derecho que, individualmente considerado, no ha sido especialmente tratado por nuestra doctrina[93]. Más allá de los bos-

93 Desde el Derecho administrativo puede verse DESDENTADO DAROCA, E.; «La libertad de creación literaria». En PRIETO DE PEDRO, J.; y DEDEU PASTOR, R. (coords.); *Libertad, arte y*

quejos generales que se hace en los Manuales de referencia de la asignatura, no hemos encontrado una monografía sobre el particular, a pesar de que sí existen esfuerzos individuales y colectivos que fungen como tal. Me refiero, entre otros, a los libros de Víctor Vázquez, Joaquín Urías o el coordinado por Jesús de Prieto y Roger Dedeu[94]. Su nexo es el tratamiento sistemático de la libertad artística, de la cual la libre creación literaria es deudora. Lo cual nos previene cautelosamente sobre el particular, pues quizá eso implique que a lo peor no tiene sustantividad propia que sostenga, por sí misma, un esfuerzo monográfico. Creemos que no, por lo que se dirá en páginas venideras.

En tercer lugar, tenemos jurisprudencia constitucional que ha tratado el tema. Muy escasa, la que lo ha hecho directamente. Y algo más abundante la que lo ha hecho tangencialmente, al tratar de la libre creación artística como manifestación de la libertad de expresión. Esa será la principal línea divisoria que rija el debate y es un debate en el que la propia jurisprudencia constitucional ha apuntado ideas de relieve.

Como antecedentes podríamos comenzar por la primera en la que se regula esta libertad, la STC 153/1985, de 7 de noviembre, donde se puso de manifiesto que la libertad de creación artística es una concreción de la libertad de expresión. Se formuló voto particular por el Magistrado Rubio Llorente donde el constitucionalista aboga por la diferencia entre ambos, diferencia en la que el voto no se extiende. Esta última fue la línea que siguieron las SSTC 23/2010, de 27 de abril, y la 34/2010, de 19 de julio. Por lo demás, el apoyo en figuras literarias ha sido tratado por la jurisprudencia constitucional como ejercicio de la libre expresión, tal y como demuestran las SSTC 104/1986, de 17 de julio y la 170/1994, de 7 de junio, donde se enjuiciaba la adecuación constitucional de ciertas expresiones vertidas en artículos periodísticos y de opinión.

El profesor García Roca ha insistido en que la libertad literaria goza de especificidades propias y que, dadas las circunstancias concurrentes en el caso concreto pertinente, se podría trazar un mapa basado en dos guías. Una de ellas es que la libertad literaria ha discurrido históricamente de la mano de la libertad de imprenta. Otra es no olvidar que estamos ante el libre desarrollo de la personalidad, fundamento básico de los derechos fundamentales[95].

---

cultura. Reflexiones jurídicas sobre la libertad de creación artística, Marcial Pons, Madrid, 2023, p. 677 y ss.

94 *Vid.* Vázquez, V.; *La libertad del artista. Censuras, límites y cancelaciones*, Athenaica, Sevilla, 2023; Urías, J.; Libertad de expresión. Una inmersión rápida, Tibidabo ediciones, Barcelona, 2019; y Prieto de Pedro, J.; y Dedeu Pastor, R. (coords.); *Libertad, arte y cultura. Reflexiones jurídicas sobre la libertad de creación artística*, Marcial Pons, Madrid, 2023.

95 *Vid.* García Roca, J.; *Lecciones de Derecho Constitucional*, Civitas, Cizur Menor, 2023, p. 502 y ss.

La principal y hasta la fecha única resolución que aborda frontalmente la libertad de creación literaria de forma autónoma (al menos, su aplicación) es la STC 51/2008, de 14 de abril, donde se enjuiciaban pasajes de una novela del escritor Manuel Vicent. El asunto llegó a sede constitucional por los siguientes motivos.

En el fragmento del libro se hace referencia al carácter, profesión, militancia política, indumentaria y comportamiento sexual de un personaje basado en una persona real, fallecida once años antes de la publicación de aquel. La viuda de la persona aludida reclamó en la vía civil la protección del honor y la intimidad de su difunto marido. La Sentencia de la Sala del Tribunal Supremo anuló la Sentencia de la Audiencia Provincial y confirmó la del Juzgado de Primera Instancia, desestimatoria de la demanda.

El Tribunal Constitucional deniega el amparo al considerar que la resolución recurrida no vulnera el derecho al honor. La sentencia casacional no identifica formalmente los derechos en conflicto, ni valora como reprobable los mismos desde la perspectiva constitucional. El pasaje litigioso constituye un ejercicio del derecho fundamental a la producción y creación literaria, reconocido en la Constitución. Conforme el parecer unánime del Tribunal, el objetivo principal de este derecho es preservar la libertad del proceso creativo literario, manteniéndolo inmune frente a cualquier forma de censura previa y protegiéndolo respecto de toda inferencia ilegítima proveniente de los poderes públicos o de particulares.

En el supuesto concreto, tal derecho protege la creación de un universo de ficción, que puede tomar datos de la realidad como puntos de referencia. Por tal motivo, el TC entiende que no resulta posible acudir a criterios de veracidad o de instrumentalidad para limitar una labor creativa y, por lo tanto, subjetiva, como es la literaria (FJ 7).

Por otro lado, pese a que el pasaje controvertido identifica claramente a la persona supuestamente ofendida, no puede considerarse lesivo de su honor si se tiene en cuenta que se hallaba muerta desde hacía once años y que no se trata de un supuesto de sucesión procesal. Es pertinente recordar que el Tribunal Constitucional refuerza este argumento, estableciendo que el paso del tiempo diluye necesariamente la potencialidad agresiva sobre la consideración pública o social de los individuos en el sentido constitucional del término (FJ 6). Interpretado en su conjunto y en el contexto de una obra literaria, el fragmento litigioso no puede considerarse vejatorio en sí mismo y, por consiguiente, no se ha producido lesión del derecho al honor. (FJ 7).

Respecto del derecho a la libre creación literaria, el Tribunal Constitucional realiza algunas puntualizaciones interesantes. Desde un punto de vista constitucional resulta evidente que el texto litigioso constituye un ejercicio del derecho fundamental a la producción y creación literaria, máxime al tratarse de un fragmento de una novela lo que permite encuadrarlo sin ningún género de dudas en este derecho fundamental específico, reconocido en la letra b) del art. 20.1 CE (FJ 5).

El carácter literario de la obra en la que se inserta el pasaje litigioso, aunque en la misma se hace referencia a personajes, lugares y hechos reales, el género novelístico de la misma y el hecho de no tratarse de unas memorias, impiden trasladar a este ámbito las exigencias de veracidad propias de la transmisión de hechos y, por lo tanto, de la libertad de información, dada su transformación para dar lugar a un universo de ficción nuevo (FJ 5). Ahí tenemos algunos criterios literarios a los que atender, especialmente en lo atinente al género literario: una novela no es lo mismo que unas memorias o que una biografía. Interesante puntal en el que profundizar en el futuro.

El Tribunal Constitucional comprende que la creación literaria, al igual que la artística, tiene una proyección externa derivada de la voluntad de su autor, quien crea para comunicarse, de ahí que su ámbito de protección no se limite exclusivamente a la obra literaria aisladamente considerada, sino también a su difusión (FJ 5).

No está de más incidir en el tema de los límites. Aunque el art. 20.4 CE dispone que todas las libertades reconocidas en este precepto tienen su límite en el derecho al honor, a la intimidad, a la propia imagen y a la protección de la juventud y de la infancia, sin embargo, el buen gusto o la calidad literaria no constituyen límites constitucionales a dicho derecho (FJ 5). Sensu contrario: que se publique una novela de mala calidad literaria —habría mucho que hablar sobre el particular— está protegido por la Constitución, así como una de mal gusto (también podríamos hablar largo y tendido sobre el particular).

En cuarto lugar, existe jurisprudencia convencional sobre el particular que nos obliga a reflexionar con fuerzas renovadas. Quizá la más importante sea la sentencia de Gran Sala del TEDH, dictada en 2007, en el *asunto Lindon, Otchakovsky y Laire c. Francia*. Trata frontalmente la libertad literaria. El caso tiene que ver con la denuncia por difamación que presenta Jean Marie Le Pen, contra el escritor de un libro titulado «Jean Marie Le Pen juzgado», el libro en sí mismo, la editorial que lo publica y el director de publicación de un diario que reprodujo párrafos presuntamente difamatorios.

El TEDH aboga por ver la novela como una creación de la imaginación, una forma de expresión artística protegida por el artículo 10 CEDH. Quienes crean y distribuyen trabajos de naturaleza literaria contribuyen al intercambio de ideas y opiniones, esencial en una sociedad democrática. El Estado está obligado a respetarlo (§ 47). Estrasburgo no niega a la novela potencial para alcanzar al gran público, pero suele ser menor que el que tienen, por ejemplo, los medios de comunicación (§ 47).

El libro en cuestión es un trabajo que constituye una expresión militante y política contra lo que denuncia como racismo de Le Pen y del Frente Nacional, el partido que creó. La libertad de expresión es amplia, especialmente si se trata de una crítica política, criterio que podríamos considerar tradicional en el marco de la jurisprudencia convencional. Los demandantes argüían que la Corte de apelación extrajo los pensamientos del escritor de caracteres ficticios y situaciones ficticias, llegando a concluir su carácter difamatorio. El TEDH no comparte dicha visión. Los novelistas y sus editores no son, como los demás creadores, inmunes a los límites establecidos en el art. 10.2 CEDH, el cual entraña deberes y responsabilidades.

Reitera el TEDH la importancia de diferenciar entre los hechos y los juicios de valor, los primeros demostrables por su propia naturaleza y los segundos, todo lo contrario. Pero para Estrasburgo no es necesario hacer la distinción cuando se debe lidiar con extractos de una novela. Pero sí es plenamente pertinente cuando el libro impugnado no es pura ficción, sino que introduce caracteres y/o hechos reales (§ 55). A juicio de los tribunales nacionales no se hizo una verificación básica. Los pasajes no eran suficientemente desapasionados, recordando el TEDH el grado de exageración y/o provocación del que gozan las declaraciones inmoderadas. Un político debe tener espaldas especialmente anchas a los efectos, sobre todo uno del fenotipo de Le Pen, autor de un discurso virulento y extremo (§ 56).

No obstante lo dicho, para el TEDH algunos de los párrafos publicados se extralimitaron en dicha crítica: estábamos según ellos ante el «jefe de una banda de asesinos», que «promovía el asesinato», en definitiva «un vampiro que se alimenta de la sangre de su electorado» (§ 57).

La sentencia de Estrasburgo entiende que la justicia francesa actuó conforme al Convenio al condenar en sede nacional tales manifestaciones, pues avivan la violencia y el odio, excediendo lo tolerable en el debate político. Por ello, declara, por trece votos frente a cuatro, que no hubo lesión del artículo 10 CEDH al establecerse tales condenas contra el escritor, la editorial y el director de *Libération*.

La resolución tiene un voto concurrente, firmado por el Juez Loucaides, y otro parcialmente disidente, firmado por los Jueces Rozakis, Bratza, Tulkens, y Sikuta.

El primero llama la atención sobre las consecuencias de sobreproteger la libertad de expresión a expensas del derecho de reputación. La resolución de la mayoría se basa en proteger el debate público pero el argumento contrario también se le antoja convincente al magistrado como argumento central en este tipo de litigios: suprimir las declaraciones falsas, castigar el discurso falso, y mejora la calidad general del debate público, creando un efecto desaliento sobre el periodismo irresponsable. De hecho, a juicio del Juez Loucaides, tales debates se suprimirían si los autores supieran que no tendrán amparo si difaman falsamente, lo cual puede frustrar el propio proceso político.

El segundo gravita en torno a la naturaleza del trabajo en cuestión, una novela, un trabajo literario de ficción. Los Jueces discrepantes subrayan que los tribunales nacionales han encontrado lesivas tres líneas de una obra de ciento treinta y ocho páginas. El factor esencial de enjuiciamiento, a su parecer, es la naturaleza literaria del texto, puesto que la corte de apelaciones francesa encierra a la Literatura en un puñado de reglas rígidas en contraposición con la libertad de creación y expresión artística. Siguiendo a Popper, un sistema político es fuerte cuanto más acepta la crítica, también la literaria.

Los magistrados disidentes entienten trasladable al caso de autos la doctrina sentada en el *asunto Karatas c. Turquía*, donde el TEDH aplica el art. 10 CEDH a la poesía para decir que esta llega a una minoría de lectores. Esto es, también se protege la forma en que se expresan los mensajes.

Otro tanto cabe decir del *asunto Alinak c. Turquía*, donde el TEDH asevera que una novela tiene un público menor que los medios de comunicación, pero su naturaleza artística e impacto reducido reducen las expresiones a una sensación afligida por eventos trágicos, sin ser una llamada a la violencia. El Gobierno debía indicar el número de ejemplares y no lo hizo, para poder saber la relevancia real del mensaje presuntamente lesivo. Se hace una distinción artificial entre las intenciones del autor y la ficción. El mero hecho de estar ante una novela es motivo bastante para elevar el grado de protección, a la par que los políticos deben soportar un mayor margen de crítica por mor de su profesión. Una novela realista, dice el TEDH, sigue siendo una novela, en gran medida ficción. Resulta excesivo o inexacto decir que la novela en cuestión es una llamada a la violencia o al odio. La protección convencional de una novela también fue declarada por Estrasburgo en el *asunto Dagtekin c. Turquía* y en el *asunto Yalcin Kücük c. Turquía*, en este último caso un libro de entrevistas, por estar escrito conforme a un estilo metafórico y literario[96].

La cuestión de los límites convencionales respecto de la libertad de creación artística ha sido tradicionalmente discutida y discutible. Valga como ejemplo el *caso Müller y otros c. Suiza*, STEDH de 24 de mayo de 1988. Una serie de pintores encabezados por Josef Felix Müller pintaron algunos murales gigantes que contenían escenas de bestialismo, sodomía y hombres con sus miembros erectos. Los tribunales suizos secuestran las obras, por obscenidad y por provocar aversión y repugnancia. Seis años después un juez nacional decide que se les devuelvan las obras a sus autores. Estos acudieron a Estrasburgo en calidad de demandantes alegando lesión de su derecho a la libertad de expresión artística, contemplado en el art. 10 CEDH.

El TEDH aplica la jurisprudencia *Handyside* y hace algunas aseveraciones de relieve. Por un lado, la moral es un asunto cambiante en Europa, lejos de integrar un conjunto indisputado de valores, las exigencias varían según el tiempo y el lugar, de ahí que las autoridades nacionales estén mejor situadas para juzgar el asunto. El TEDH tiene en cuenta las imágenes en sí mismas consideradas, donde se contemplan, entre otras conductas, relacio-

96 Tal y como se dice por algunos sectores doctrinales, desde aquí creemos que, con acierto, fomentar la creación artística, en este caso literaria, tiene un efecto viral que conlleva un incremento general de la cultura. *Vid.* Valiente Martínez, F.; *La democracia y el discurso del odio*, Dykinson, Madrid, 2020, p. 138 y ss.

nes sexuales explícitas entre animales y seres humanos, como también el contexto: una exposición pública sin precio en la entrada ni edad mínima de acceso. Por otro lado, lo anterior se subsume en el margen de apreciación nacional del Estado miembro, en virtud del cual a Estrasburgo se le antoja que la limitación de la libre expresión era «necesaria» para la protección de la moral y el castigo penal proporcionado. Finalmente, el TEDH cree que la decisión de secuestrar judicialmente las obras atentaba contra el Convenio porque no guardaba relación con la protección de la moral o de los derechos de otros.

El voto particular del Juez Danelius arguye que el demandante sufrió una doble sanción, en forma de multa y secuestro. El análisis convencional debía hacerse conjunta y no aisladamente y, por esa omisión, entiende este magistrado lesionado el artículo 10 CEDH. Se interroga en voz alta acerca de la procedencia de castigar lo repulsivo u ofensivo, criterio jurisprudencial que ha llevado hasta nuestros días la impresión de que, con carácter general, no tiene sentido hacerlo.

Llegamos así a las restricciones del derecho fundamental. La libertad de creación literaria tendría dos tipos de límites. Los límites derivados de las disposiciones de Derecho positivo, como por ejemplo el art. 20.4 CE y el art. 10.2 CEDH. La principal característica de todos ellos es que son lábiles, cambiantes y dependen no poco del contexto donde se ejerza la libertad. Son, en buena medida, conceptos jurídicos indeterminados. Qué sea la moral o la seguridad nacional, por poner dos ejemplos, no es algo que pueda determinarse a priori con visos de solvencia. El profesor Díez-Picazo ha puesto el acento en que una interpretación literal de tales límites implicaría a buen seguro la muerte de la libertad de expresión y de información[97].

Por seguir con este autor, estamos ante un derecho de autonomía individual, esencialmente libre, donde no cabe imponer sanciones por realizar actividades de la índole que exija cada arte, en nuestro caso la literaria. De hecho, la escasa litigiosidad de la libertad literaria tiene a buen seguro que ver con la arraigada convicción de que no cabe limitar ni controlar el arte. En último extremo, siguiendo de nuevo a Díez-Picazo, criterios como la obscenidad, la moralidad y el pudor no podrían erigirse como límites a la libertad literaria. La razón es sencilla y plausible: ni los sentimientos ni las emociones son válidos para tal fin porque una genuina libertad de escribir novelas, la creatividad artística (bien jurídico protegido) con ciertas dosis de heterodoxia. Respecto de la protección de la infancia el asunto vira hasta hacer permisible que ciertas creaciones se sometan, para su difusión, a estrictas reglas de acceso. Es lo que sucedía, sin ir más lejos, con las películas pornográficas: eran proyectadas en salas *ad hoc*, existía un control de acceso restringido a

97 *Vid.* Díez-Picazo, L. M.ª; *Sistema de derechos fundamentales*, Tirant lo blanch, Valencia, 2021, 5.ª edición, p. 328 y ss.

mayores de edad y al pago de una entrada. No deja de ser cierto que con la masificación del uso de Internet tales límites se han difuminado en extremo, pues basta con hacer clic en la casilla «soy mayor de 18 años» para poder acceder a todo tipo de contenidos pornográficos.

Otro tanto cabría decir del criterio que proviene de la Filosofía del Derecho. Según Falcón y Tella, devaluar una obra literaria por su contenido moral, político o religioso es muestra de intolerancia, puritanismo, espíritu no liberal, parroquianismo, todos ellos enemigos de la era de las telecomunicaciones en la que nos ha tocado en suerte vivir, una aldea global inabarcable[98].

Respecto a la colisión con otros límites, como por ejemplo el derecho al honor y a la intimidad, la libertad literaria sale malparada en ocasiones. Es lo que sucedió en el *asunto Almeida Leitao Bento Fernandes c. Portugal*, STEDH de 12 de marzo de 2015. Una ciudadana portuguesa, autora de una novela escrita bajo seudónimo, edita e imprime cien copias de esta, distribuyéndola gratuitamente entre familiares y amigos. La novela cuenta la historia de una familia oriunda de Portugal que emigró a los Estados Unidos. En el prefacio de su libro, la señora Fernandes agradeció a la gente que la había inspirado, al tiempo que afirmaba que los hechos narrados en su novela eran producto de su imaginación y que cualquier parecido con la realidad era fortuito.

En la novela se cuentan diferentes avatares, dejando una sombra de duda respecto de diversos personajes. Algunos caracteres femeninos resultan ser de vida extremadamente licenciosa, con infidelidades varias en su haber. Se comentaba en la trama el robo entre personajes masculinos, padres e hijos concretamente, visitas a prostitutas, relaciones extramatrimoniales y muertes por SIDA. Se tildaba a cierto personaje femenino de ambicioso, extravagante, tacaño, mezquino, avaricioso y calculador, amén de achacarle un romance con el hermano de su difunto marido. Otra mujer fue retratada como una mujer de aspecto tosco, libertina, licenciosa y mala madre. Sobre otra adicional se decía que era de baja estofa moral y que no se detendría ante nada para enriquecerse, inclusive podría matar a su padre. Se describió a uno de los hombres como un agente de la policía secreta bajo el régimen de Salazar que encarceló a cientos de opositores políticos.

Varios familiares del marido de la escritora interpusieron querella por difamación, alegando que la novela relataba la historia familiar y dañaba su reputación. Un tribunal portugués la declara culpable. El Juzgado de Instrucción determinó que los personajes de la novela eran réplicas exactas de personas de carne y hueso, considerando, en consecuencia, que la demandante había mancillado su honor. La señora Fernandes recurrió sin éxito al Tribunal de Apelación.

La demandante llega al TEDH alegando que dicha condena atentaba contra el artículo 10 CEDH. Estrasburgo cree que la novela constituye una forma de expresión artística protegida por la norma, al permitir participar en el inter-

---

98 *Vid.* FALCÓN Y TELLA, M.ª J.; *Derecho y literatura*, Marcial Pons, Madrid, 2015, p. 27 y ss.

cambio público de conocimientos culturales, información e ideas políticas y sociales de todo tipo. En el caso de la señora Fernandes, el Tribunal tuvo que examinar si, al restringir su libertad de creación literaria, las autoridades habían equiibrado con justicia esa libertad y la privacidad de los demandantes. Debemos decir que dicha interferencia, prescrita en el Código Penal y la Ley de prensa, perseguía el objetivo legítimo de proteger la reputación y derechos de otros. Al determinar el alcance del margen de apreciación nacional, el Tribunal tuvo en cuenta del hecho de que la novela era una forma de expresión artística que, si bien potencialmente podía tener a futuro un público nutrido, atrajo en la vida real a un público relativamente reducido en comparación con los medios impresos.

El Tribunal observó, además, que sólo se imprimieron cien ejemplares, circulando principalmente entre los miembros familiares vejados. En la novela, que contaba la historia de una familia y sus dramas y conflictos en el contexto de la diáspora portuguesa en los Estados Unidos y de la guerra colonial, las personas en cuestión eran conocidas en su propio medio, particularmente en la localidad de Torre de Moncorvo, pero no ejercían cargos públicos ni políticos. En consecuencia, las autoridades nacionales gozaron de un amplio margen de apreciación al evaluar la «necesidad» de la pena impuesta a la escritora.

El TEDH observó que los tribunales portugueses siempre habían tratado de sopesar el derecho del demandante a la libertad de expresión con el derecho de los denunciantes al respeto de su vida privada. El Tribunal de Torre de Moncorvo había tratado de determinar si la narrativa de la señora Fernandes era difamatoria y luego establecer si había vínculos entre los personajes de la novela y sus suegros. Este Tribunal, al igual que el de Apelación, concluyó que la Sra. Fernandes había sobrepasado los límites de su libertad de creatividad artística al ignorar las súplicas de los demandantes de respeto hacia su vida privada, dada la naturaleza de los hechos narrados y dado que algunos miembros de la familia afectada ya habían fallecido.

En consecuencia, el TEDH sostuvo que la condena de la señora Fernandes se había basado en pruebas pertinentes y suficientes y no vio ningún motivo para apartarse de la apreciación de los tribunales portugueses. Teniendo en cuenta también la pena impuesta a la señora Fernandes, que el tribunal interno había determinado respecto de su situación socioeconómica, el Tribunal concluyó que la interferencia en el ejercicio de su libertad de expresión no había sido desproporcionado con respecto del objetivo legítimo perseguido. En suma, no se vulneró el CEDH.

El segundo tipo de límites tienen que ver con la llamada *cultura woke*. Importada desde la academia norteamericana, se basa en la presunta defensa de los colectivos vulnerables (¿?) mediante estrategias que confluyen en limitar cuando no cercenar directamente la libertad de expresión y la libertad de creación artística[99]. Se han derribado estatuas, por lo que se destruye

99 *Vid.* de Benoist, A.; *La capa de plomo. Una deconstrucción de las nuevas censuras*, EAS Editorial, Alicante, 2022.

la posibilidad de difundir el arte. Se ha eliminado del catálogo de grandes libros a buena parte de los mismos por estar escritos por «señores blancos mayores occidentales». Se ha cambiado el título o contenido de libros arraigados en la imaginería popular, como «Diez negritos», donde el bisnieto de la famosa escritora decidió que ahora se llamaría «Eran diez». Se procede a contar historias con la nueva pátina de lo políticamente correcto, tal y como ha sucedido con la última versión fílmica de *La Sirenita*. Los casos empiezan a acumularse y un estudio detallado y en profundidad de los mismos sería objeto de ese esfuerzo monográfico que pretendemos[100].

Las herramientas del movimiento *woke* son diversas, pero no separadas en esencia: la censura debe operar, en una u otra medida, sobre el lenguaje. Los nuevos McCarthy se agrupan en torno a esta ideología, que «define al individuo que se jacta de poseer un nivel de conciencia social muy superior al de los demás, merced a un permanente y privilegiado acceso a la información sobre las problemáticas sociales de la actualidad, lo que le permite tanto sensibilizarse con causas, movimientos o constructos culturales, incluso cuando no le afectan lo más mínimo, como censurar aquellos que consideran inapropiados en su superior canon moral». Es una superioridad moral coactiva, con recursos que buscan liquidar de un solo golpe obras y autores eludiendo a toda costa el enfrentamiento franco y racional para ganar aclamación pública espontánea nutrida de emociones impermeables[101].

Así, por seguir con ejemplos reales, se intenta obligar a las personas a escribir con lenguaje inclusivo, exigencia que atenta contra la libertad literaria pues limita la capacidad de crear del escritor. También cuando se desea prohibir el discurso del odio sexista, si lo queremos prohibir en una novela o en un ensayo.

Otro tanto cabría decir de las cancelaciones a oradores *molestos*. Aquí no se opera sobre el lenguaje, sino que se manifiesta la querencia por no permitir que se difunda (recordemos: la libre expresión artística no solo protege crear la obra literaria sino también difundirla). La censura sigue siendo arma predilecta de quienes fustigan con la corrección política, mecanismo este último quizá más abstracto que busca que pensemos y escribamos en función de los criterios posmodernos que nos imponen: el movimiento LGTBIQA+, el feminismo, la inmigración, los discapacitados y un etcétera cada vez más largo.

100 Hasta entonces, valga de ejemplo la excelente novela de OREJUDO, A.; *Un momento de descanso*, Tusquets, Barcelona, 2011.

101 *Vid.* CANCIO, RAÚL C.; «Cinema friendly», en PRIETO DE PEDRO, J.; Y DEDEU PASTOR, R. (coords.); *Libertad, arte y cultura. Reflexiones jurídicas sobre la libertad de creación artística*, Marcial Pons, Madrid, 2023, p. 711 y ss. PRIETO DE PEDRO, J.; Y DEDEU PASTOR, R. (coords.); *Libertad, arte y cultura. Reflexiones jurídicas sobre la libertad de creación artística*, Marcial Pons, Madrid, 2023

Un factor adicional a tener en cuenta respecto del contenido y límites de la libertad literaria es desentrañar si el género del texto escrito podría introducir matices al respecto. En principio, partimos de la base de que toda expresión por escrito de algo tiene un componente ficticio, quiéralo el autor o no. Qué plasmar en el papel, cómo hacerlo, seleccionando qué palabras, orden, párrafos...En fin, bastaría pedir a dos personas que pongan por escrito lo que ven en ese momento: tendríamos dos relatos diferentes respecto de la *misma* realidad.

Se suele decir que la novela, que apenas tiene siglo y medio de existencia, es el género literario más joven. Se suele añadir que es un género sin reglas, de una libertad total. Javier Cercas, por ejemplo, es de esa opinión, pero no parece que haya que hacer mucho encaje de bolillos para colegir que el grueso de los escritores sostendría tal cosa[102]. Respecto de otros géneros más en boga, como la autoficción, la cosa no resulta tan clara[103]. El propio Cercas sufrió un episodio bastante polémico al hilo de su defensa de la ficción *autoficcionada* a manos de Arcadi Espada, donde también estaba implicado el académico Francisco Rico. Unos decían que se puede mentir para contar la verdad. Otros, que no. Enrique Vila-Matas, Alberto Olmos, Karl Ove Knausgärd o Emmanuel Carrere son también muestra de que la polémica suele ir de la mano de la autoficción. Sin ir más lejos, el último tiene pendiente en sede judicial una demanda sumamente sustanciosa por lo que cuenta de su matrimonio en «Yoga».

Claro que uno podría preguntarse si tiene sentido otorgarle a la Literatura en general y al género novelístico en particular (epítome de la creación artística) la importancia que bien podría haber perdido. Voces provenientes del humanismo más característico del siglo XX argüían que el auténtico humanismo que se cernía sobre nosotros era el humanismo científico, con asuntos en la mesa de tal enjundia como, por poner un ejemplo, la posibilidad de desentrañar la conciencia y el ego humanos en tanto que neuroquímica del cuerpo. Parafraseando a George Steiner, y comparado con ello, «hasta las novelas más elevadas y sublimes se me antojan casi prehistóricas»[104].

---

102 *Vid.* Cercas, J.; «Hugh Grant y el porvenir de la novela» en su libro *No callar. Crónicas, ensayos y artículos, 2000-2022*, Tusquets, Barcelona, 2023, p. 561 y ss. El mismo autor se explaya sobre su concepción de la novela en Cercas, J.; *El punto ciego. Las conferencias Weidenfeld 2015*, Random House, Barcelona, 2016.

103 El término es un neologismo inventado por el escritor francés Serge Doubrovsky en 1977 y desató una moda literaria que se mantiene boyante en nuestros días. Venía la palabra a resolver un dilema al que se enfrentan los narradores: solían emplear su propia vida como materia prima para confeccionar sus novelas, pero se mostraban entre preocupados y reacios a afrontar los peligros que tal actitud comportaría. *Vid.* Freixas, L.; «Contra la autoficción», *Letras Libres*, 2 de noviembre de 2018. En línea: https://letraslibres.com/revista/contra-la-autoficcion/. Último acceso: 20/4/2024.

104 *Vid.* Steiner, G.; *La barbarie de la ignorancia*, Alfabeto, Madrid, 2022, 3.ª edición, p. 52 y ss.

Otro apunte que merece la pena realizar a efectos del debate que aquí se ha entablado en torno al derecho a la libre creación literaria es el de la separación que existe entre el autor y su obra. Simon Leys lo ilustra a la perfección con el ejemplo de Patrick O 'Brian. El escritor británico era un portento escribiendo novelas de aventuras marítimas. Le leían marinos y no marinos. Un multimillonario norteamericano devoto de sus textos le invitó a pasar unos días en su yate. El escritor aceptó. Cuál no sería la sorpresa del multimillonario cuando constató que el escritor no tenía ni remota idea de todo lo que tenía que ver con la navegación marítima. No tenía ninguna experiencia en el mar. Por inventarse, se había inventado hasta el nombre, pues era oriundo de Inglaterra, no de Irlanda, y huía de un pasado traumático que solo se vio aliviado cuando logró cumplir su sueño de ser escritor. La moraleja es doble. La primera es la distancia entre el escritor y sus escritos. La segunda es que no son las hazañas de la vida activa las que provocan las grandes obras sino los momentos de oscuridad, temor, dudas y dolor[105].

En los últimos tiempos la doctrina constitucionalista española ha seguido indagando y reflexionando sobre el particular. Destacaremos a los efectos al profesor Vázquez Alonso, quien ha publicado un libro suculento para mentes despiertas que no dejará a nadie indiferente[106].

Una de las ideas centrales se formula en diversos pasajes de la obra. Y es que pretender tutelar la libertad del arte por su peligro abstracto sería algo así como anular el concepto de ficción en sí mismo. Vázquez cree que cuando se habla de libertad de expresión artística y blasfemia, pues son temas complejos que involucran cuestiones relativas a la libre expresión, las creencias personales, las sensibilidades culturales y los valores sociales. Los límites que podría imponer «lo sagrado» no están a priori nada claros.

La pregunta que se plantea el constitucionalista es si en sociedades postseculares como las nuestras, donde merced al pluralismo religioso confluyen diversas creencias, es posible establecer algún tipo de límite. Y la respuesta que ofrece, en diálogo con Jeremy Waldron, es que habría que diferenciar entre el ataque a las ideas y el ataque a las personas (cosa nada fácil en la realidad) y que conduce a dos soluciones diferentes: si el ataque hace daño a las personas porque menoscaba su estatuto moral de ser humano, el discurso debe prohibirse. Si, por el contrario, se ataca a creencias o ideas en abstracto, el discurso debe permitirse. Así las cosas, Vázquez aboga por contextualizar este tipo de casos, pues una cosa es la sátira en un periódico y otra dibujar una diana con el Corán en un barrio musulmán.

105 Leys, S.; *La felicidad de los pececillos. Cartas desde las antípodas*, Acantilado, Barcelona, 2011, p. 37 y ss.

106 Vázquez Alonso, V. J.; *La libertad del artista. Censuras, límites y cancelaciones*, Athenaica, Sevilla, 2023.

El argumento se extrema cuando se ocupa de los artistas abyectos y sus obras. El término «abyecto» se utiliza para describir algo degradante, vil o despreciable. En el contexto del arte a menudo se asocia con un estilo o enfoque que desafía las normas convencionales, explorando lo grotesco, lo escandaloso o lo subversivo. Los artistas abyectos buscan provocar una respuesta fuerte y visceral en el espectador, desafiando las expectativas estéticas y sociales.

Algunos artistas son conocidos por abrazar esta estética abyecta en sus obras. Pueden utilizar medios como la pintura, la escultura, la performance o cualquier otra forma de expresión artística para cuestionar las normas culturales y explorar temas que podrían considerarse incómodos o tabú. Sea como fuere, siempre que se pongan estos temas encima de la mesa probablemente se lesione algún bien jurídico que merezca protección, pues se documentan casos de artistas que amparados en esta amplia libertad la emplean para agredir a otro ser humano. El caso de la letra de rap que Víctor Vázquez plasma es lo suficientemente elocuente como para que aquí desvelemos nada improcedente.

Otro de los temas que trata es la censura táctica del Estado cuando este decide subvencionar o no alguna obra de arte; y, si decide hacerlo, bajo qué términos y condiciones. La censura política, entendida como el control previo de la información ya no se estila. O no se estila aplicando la metodología tradicional. Ahora existen herramientas más sutiles como el dinero. La censura por la vía de la subvención se refiere a situaciones en las que el gobierno u otras instituciones financian ciertos proyectos o medios de comunicación, y condicionan esa financiación a la conformidad con ciertos criterios o a la exclusión de ciertos temas, opiniones o enfoques. Esta forma de censura puede ser sutil, ya que no implica directamente la prohibición o eliminación de contenidos, aunque goce de impacto significativo en la libertad de expresión.

Vázquez nos explica que el control es indirecto: en lugar de prohibir directamente ciertos contenidos, la censura por la vía de la subvención implica ejercer control sobre los medios al condicionar el apoyo financiero. Esto puede llevar a la autocensura por parte de los receptores de las subvenciones que buscan mantener su financiamiento. Por otro lado, las subvenciones pueden venir con restricciones específicas impuestas por quienes las otorgan. Estas condiciones incluyen limitaciones sobre los temas que se pueden abordar, las opiniones que se pueden expresar o los enfoques que se deben evitar. Si las subvenciones están condicionadas a la adhesión a ciertos puntos de vista o a evitar ciertos temas, puede limitar la diversidad de perspectivas y opiniones en los medios financiados. Por no mencionar la presión económica que ejerce sobre los receptores para ajustarse a las expectativas de los financiadores, incluso si eso significa evitar temas controvertidos o críticas al poder.

El riesgo para la libertad artística es palmario, por restringir indirectamente la capacidad de los individuos y organizaciones para expresar libremente sus ideas sin temor a perder apoyo financiero. Es importante que la sociedad y los defensores de los derechos humanos estén atentos a estas prácticas y aboguen por la transparencia en la concesión de subvenciones para garantizar que no se utilicen como herramientas de censura indirecta. La transparencia y la defensa de la libertad de expresión son esenciales para mantener sociedades abiertas y democráticas.

A juicio del constitucionalista, un subgénero como la autoficción genera problemas en el mundo real. En tanto que género literario que mezcla elementos autobiográficos y ficticios ha generado debates y discusiones en torno a varios problemas y desafíos.

En primer lugar, Vázquez nos explica cómo difumina las fronteras entre lo real y lo ficticio. Esto plantea desafíos para lectores y críticos al intentar discernir qué partes de la historia son reales y cuáles son producto de la imaginación del autor. En segundo lugar, las cuestiones relativas a la ética y, especialmente, a la veracidad. Los lectores pueden preguntarse hasta qué punto el autor está siendo honesto sobre su vida y hasta qué punto está utilizando la ficción como medio de expresión. En tercer lugar, la exposición pública. Los autores que cultivan este género a menudo se exponen a un nivel personal y emocional significativo, lo que puede plantear una lesión de la privacidad, ya que los escritores no solo exploran aspectos íntimos de sus vidas sino también de las vidas de quienes los rodean. En cuarto lugar, no podemos olvidar las expectativas del lector, dado que mientras algunos pueden esperar que todo lo que se cuenta sea literalmente cierto, otros pueden comprender que la auto ficción permite cierta inventiva. Al fusionar elementos autobiográficos con la ficción, los autores pueden tener la tentación de manipular la narrativa para ajustarse a una estructura más atractiva o dramática. Esto nos interroga sobre la autenticidad de la obra.

No podemos olvidarnos de la cultura de la cancelación, esto es, la práctica de boicotear a una persona, ya sea en las redes sociales o en la vida pública, debido a comportamientos considerados ofensivos, inapropiados o controvertidos. Esta práctica puede tener consecuencias significativas para la reputación y carrera de la persona «cancelada». Vázquez tiene claro que es un fenómeno que ha ganado relevancia en la era de las redes sociales, donde la información y las opiniones pueden difundirse rápidamente.

El jurista viene a defender que cuando se relaciona con «la libertad del artista», la cancelación puede tener un impacto profundo en la capacidad de quienes crean arte para difundir y compartir su trabajo. Provoca un efecto negativo en la libertad de expresión artística, ya que los artistas pueden temer las represalias por expresar opiniones o crear obras consideradas —con bastante ligereza la mayor parte de ocasiones— impopulares o polémicas.

Por otro lado, hay quienes argumentan que la cancelación es a veces una respuesta necesaria a conductas inaceptables, como el acoso, la discriminación o el abuso, y que no debería interpretarse como una amenaza a la libertad artística. También se destaca que, en muchos casos, la cancelación la ejerce la sociedad en general (¿?) y no necesariamente instituciones gubernamentales, lo que sugiere que es una expresión de la libertad de la audiencia para manifestar sus opiniones y decidir a quién apoyar o condenar.

En última instancia, la relación entre la libertad del artista y las cancelaciones es un tema complejo y debatido. Mientras que la libertad de expresión es un derecho fundamental, también existen límites éticos y sociales, y la sociedad en su conjunto juega un papel importante al decidir qué comportamientos o expresiones son socialmente aceptables o inaceptables. No obstante, el éxito de las cancelaciones «es dispar» al mejor decir del profesor Vázquez, pues mientras algunas tienen éxito (sobre todo en campus universitarios norteamericanos) otras consiguen lo contrario (dar publicidad y relevancia al autor/obra cancelados: el famoso *efecto Streisand*).

Creemos que las tesis expuestas aciertan en su mayor parte. No solo por tratar temas de candente actualidad sino por hacerlo con el rigor y la seriedad que la empresa exige, ampliando el campo de batalla constitucional a otros parajes que, en realidad, siempre estuvieron a la vista, pero pocos eran sus cultivadores. Es este campo, el artístico, un lugar repleto de vanidades elevadas a las alturas. Nuestro constitucionalista nos advierte de que no puede haber un arte expresivo en el estado de naturaleza sino sometida a los límites que, sin destruir la propia libertad, pudieran imponer otros bienes y valores constitucionales. Estamos de acuerdo con dicha aseveración, pero que sea el lector el que juzgue en sus propios términos.

E. Proyecto gestor

Bajo esta rúbrica pretendemos hacer una introducción general a lo que significa la gestión universitaria y en qué cargos se concreta. Posteriormente hablaremos de los cargos de gestión ejercidos a la fecha, pasa después esbozar brevemente los que podrían, en un futuro, aparecer en el horizonte profesional de alguien que no tiene ninguna ambición de ellos. Nobleza obliga, que se suele decir.

1. Introducción

La nueva Ley Orgánica del Sistema Universitario no establece que la gestión universitaria sea una de las obligaciones del profesorado. Pero, como sabemos, no es infrecuente que los principales cargos de gestión y de gobierno sean ocupados por personas pertenecientes al colectivo del PDI (y, en menor medida, al PTGAS) tal y como viene sucediendo desde hace décadas. Existen cargos unipersonales y cargos colegiados. Cargos de gestión, de representación y de gobierno. Pero, a los efectos del presente proyecto, no queremos tanto detenernos en su exacta regulación jurídica como en dos aspectos determinados: los que ha ejercido el candidato y los que podría ejercer.

2. Cargos ejercidos

El aspirante ha sido, cronológicamente, Secretario de la Sección de Ciencias Jurídicas de la Facultad de Ciencias Sociales, Jurídicas y de la Comunicación, de la Universidad de Valladolid en el campus de Segovia. Ha coordinado las diferentes comisiones docentes de planificación de exámenes y horarios en el marco de la anterior. Fue miembro electo de la Junta de Centro en representación del PDI del Centro Universitario de la Defensa de San Javier, Murcia. En dicha institución actuó como Secretario Académico del Departamento de Ciencias Económicas y Jurídicas. También fue Secretario del Centro de Estudios de Partidos de la Universidad Nacional de Educación a Distancia.

Respecto a los pagos complutenses, fue coordinador de los Trabajos Fin de Grado y Coordinador de las asignaturas Derecho Constitucional I y Derecho Constitucional II. Ha formado parte de la Comisión de Biblioteca del Departamento de Derecho Constitucional complutense y fue su Responsable durante dos años. Finalmente, ha ejercido dos años el cargo de coordinador adjunto del Máster de Acceso a la Abogacía y la Procura, impartido por la Facultad de Derecho complutense. Al momento de cerrar estas páginas, ejerce como secretario académico del Departamento de Derecho Constitucional de dicha casa.

De las experiencias relatadas se extraen algunas conclusiones, a modo de ideas liminares. La primera es la importancia de trabajar con otros colegas, a veces de la mano y otras enfrente. La vida académica tiene sus peajes y en ocasiones puede ser dura, inmisericorde y solitaria. Desde la modestia y la humildad, el aspirante siempre intentó privilegiar el factor humano por encima de cualquier disputa o querella, tuviera quien tuviera razón.

La segunda es que solo mediante el trabajo con otras personas podemos mejorar el nuestro. Los demás hacen de dique de contención, de espejo, de caja de resonancia y, en definitiva, oponen una saludable resistencia a casi todo, pues también son igual de humanos que quien esto escribe. Son impagables las aportaciones que nos hacen sin que nos lleguemos a percatar. El infierno no son los otros en absoluto.

La tercera es que se desarrollan virtudes académicamente apreciables: paciencia, tolerancia, prestancia, saber estar, amistad, camaradería, y un sinfín de otras que el lector podrá fácilmente adivinar. No hay mal que por bien no venga ni mal que cien años dure. La gestión universitaria es ardua y hasta cierto punto desagradecida salvo, claro está...por el factor humano.

3. Cargos por ejercer

No piense el lector que el autor tiene presciencia. Desconocemos por completo si tendremos que desempeñar algún tipo de cargo académico en el futuro. Sólo deseábamos consignar en estas páginas el hecho de que la carrera académica a veces depara sorpresas de este tenor. No podemos decir que estamos preparados, pues mentiríamos. Solo podemos recordar que pondremos lo que siempre hemos puesto: pundonor, ganas, horas de trabajo, esfuerzo y generosidad. Por lo que pueda venir, esos son los votos que hacemos desde aquí.

6

CONCLUSIONES

Llega el momento de recapitular las principales ideas que han sido diseminadas a lo largo de las páginas anteriores. Tómense como una reflexión general sobre el oficio de enseñar Derecho Constitucional, ocupación bonita y ardua a partes iguales

En primer término, debemos hacerlo respecto del profesor de universidad que habla y de las exigencias que rigen sus actividades. La inmensa mayoría de profesores de universidad debe hacer frente a tres grandes tipos de actividades.

La primera es la labor docente, que a su vez se subdivide en múltiples tareas, dentro de las cuales destacan la preparación e impartición de clases, la escritura de materiales docentes de diversos tipos (apuntes, esquemas, manuales, diapositivas), la implementación de proyectos de innovación docente (bien como miembro del equipo, bien como investigador principal). La cantidad de tiempo y esfuerzo que conlleva cada una de esas tareas ya daría para un trabajo individualizado.

La segunda es la labor investigadora, esto es, la creación y difusión de conocimiento científico nuevo de calidad. El lector lo ha adivinado: esta actividad se compone de diversas actividades adyacentes: selección del tema, cribado de la bibliografía a leer (tarea cada vez más compleja dada la ingente cantidad de textos que se publican prácticamente a diario), reflexión sobre lo leído y escritura y reescritura de lo que resulte de provecho. Todo ello en un mundo que no deja de exigirnos la conectividad constante, con lo que eso implica de pérdida de concentración. Pareciera que siempre es más importante y acuciante acometer las tareas que no estamos haciendo en el momento que hacemos otras.

La tercera es la labor gestora, esto es, ejercer el cargo de turno para el que se le nombra (y que uno acepta, claro está). Las exigencias dependen del puesto, pero, sea cual sea este, todos implican muchas horas, dedicación exhaustiva, ciertas dosis de fricción y el inevitable conflicto con otros compañeros. Es inevitable. Es una de las tareas más ingratas del oficio de profesor de universidad, porque se debe prestar un servicio para el que no se tiene conocimientos previos. Las horas y el esfuerzo individual suelen ser el mejor pasaporte para un viaje fructífero, pero, aun así, buena parte de las dificultades surgen sobre la marcha y sobre la marcha deben resolverse.

Dicho lo anterior, existen dos factores adicionales que influyen en las tres tareas anteriores.

Uno es el hecho de que el oficio universitario sigue siendo a día de hoy un trabajo eminentemente intelectual, por lo que es el intelecto lo que debemos cultivar (aunque no solo: pasar catorce horas sentado a un escritorio para hacer lo mismo al día siguiente no es muy recomendable para la salud). Sea como fuere, hemos anotado dos tendencias que resaltamos ahora. Por un lado, la tendencia a intelectualizar y teorizar aspectos que casan mal con la práctica. Por otro, acecha la inercia de convertir el debate intelectual en una pugna ideológica y política de baja estofa.

El otro factor a tener en cuenta es la Universidad del siglo XXI y sus rasgos. Una institución en la que parece que ya no cree nadie. El Plan Bolonia, las exigencias de la ANECA, la mercantilización, la expedición indiscriminada de títulos a personas que pasan el menor tiempo posible entre sus paredes, en fin, una cierta devaluación de la idea universitaria parece enseñorearse por los pagos académicos.

En segundo lugar, tenemos que ocuparnos de los aspectos docentes, *estricto sensu*. Aquí cobra pleno protagonismo las asignaturas que debemos impartir, en nuestro caso Derecho Constitucional I, Derecho Constitucional II, y Derecho Constitucional III. O lo que es lo mismo, fuentes y reforma de la Constitución, órganos constitucionales y modelo territorial, y derechos fundamentales. Cada una de ellas tiene sus propios vericuetos y dobleces, pero la regla común para quien esto escribe es impartirlas con cercanía y lenguaje llano.

En tercer lugar, nos detenemos en los aspectos investigadores. Despunta en lo alto una consideración que suele pasar desapercibida: nuestro ámbito de investigación es el ser humano, la sociedad, la convivencia y cómo se regula y ordena. Nada más y nada menos. Desconozco si eso es hacer ciencia, pero sí sé, fuera de toda duda, que es una tecnología, incluso un arte. Dicho con otras palabras: nuestro objeto de estudio nunca se estará quieto y siempre reaccionará a lo que se diga de él.

No cabe soslayar que la tarea investigadora en el contexto del siglo XXI presenta algunas particularidades que la hacen especialmente ardua. Existen demasiadas publicaciones. Cribar es cada vez más complejo. Sufrimos de la *paradoja de elección* scharwtziana. El necesario manejo de nociones elementales más allá del Derecho Constitucional, provenientes de la Ciencia Política, la Historia y la Sociología, por poner algunos ejemplos, es un mandato ineludible. No podremos saber de Derecho Constitucional si solo sabemos de Derecho Constitucional.

Por lo demás, respecto a las cuitas investigadoras hemos resaltado cómo debemos abandonar toda veleidad de charlatanería, tentación recurrente en los bajos fondos de la mente. Tomarnos en serio el trabajo intelectual, apostando por el rigor y la seriedad antes que por el panfleto político y la deriva ideológica. Evitar las tentaciones de hacer que nuestro trabajo sea pensado y escrito por inteligencias artificiales. Recordemos aquí que si a uno le obligan a trabajar mucho le están obligando a trabajar mal. Es inevitable, nos dicen autoras como Hirigoyen, que en el mundo narcisista que nos movemos se dé prioridad a la «vía rápida», lo que significa aplicar la picaresca antes que el esfuerzo para autopromocionarse. El mundo académico actual procura una mentalidad donde no se puede construir pensamiento de fondo, pues todo es «para ayer». Y ese todo integra cada vez más tareas. Así es como se acaba por mezcla las ideas de los demás o, aún peor, se plagia, se utiliza el copiar-pegar o la inteligencia artificial[107].

Queremos detenernos en este punto, por su importancia y por la constante sensación de que el mundo que habitamos en 2024 trae algunas patologías científicas propias. Por ejemplo, cuando en 2017 se demostró que Monsanto había «comprado» a científicos para que firmasen los trabajos escritos por empleados de la empresa, práctica que recibe el nombre de *ghostwriting.* Es triste constatarlo y peor padecerlo: las malas prácticas científicas se han incrementado debido, entre otros factores, a la feroz competencia desatada. Caldo de cultivo para el narcisismo, donde no se reconoce el mérito de los que nos precedieron y que hicieron posible nuestra ciencia. Todo pareciera ser mera lucha por el poder. La presión por publicar aumenta el riesgo de malas prácticas, hasta el punto de que los últimos estudios en la materia sostienen que gran parte del conocimiento científico es, cuando menos, discutible[108]. El gran espejo en el que se ha convertido la sociedad, esa hoguera de vanidades nos convierte a todos en potenciales narcisistas a la caza y captura del *impacto* y del me *gusta*.

En cuarto lugar, dediquemos algunas reflexiones a las exigencias de la gestión. La conocida como «tercera pata» es un agente extraño y ajeno a la profesión universitaria, al menos respecto de la cantidad de cargos de gestión que existen en el panorama universitario actual. En consecuencia, somos muchos los profesores que tenemos «este o aquel» cargo, desde vicedecano o secretario académico de departamento hasta responsable de la Comisión de Biblioteca, pasando por la Coordinación de un Máster, la subdirección de un instituto o la delegación del Decano para el Doctorado, por poner algunos ejemplos cercanos.

---

107 *Vid.* Hirigoyen, M-F.; *Los narcisos han tomado el poder*, Paidós, Barcelona, 2020, p. 187 y ss.

108 *Vid.* Hirigoyen, M-F.; *Los narcisos han tomado el poder*, Paidós, Barcelona, 2020, p. 202 y ss.

Es difícil conocer a priori lo que implica cualquier cargo hasta que se ejerce. Cada uno presenta aristas diferentes y, en buena lógica, demandas disímiles. El profesor de universidad que acepte un cargo académico debe tener la suficiente capacidad y cintura como para acoplarse a un puesto que solo entiende de tareas por realizar, plazos que cumplir y papeles que cumplimentar. A mayores, se necesita cierto don de gentes. No es sencillo organizar la vida académica del gremio, pero en eso estamos quienes decimos «sí» cuando alguien nos pide el favor.

7

BIBLIOGRAFÍA CITADA

Álvarez Rodríguez, I.; «Caso prácticos sobre el principio de no discriminación» en Giménez Sánchez, I.; y López Castillo, A.; *Instituciones y derecho de la Unión Europea: Volumen III. Casos prácticos*, Tirant lo blanch, Valencia, 2024, 3.ª edición.

Álvarez Rodríguez, I.; «El Gobierno y la Administración», en García Vitoria, I.; Gómez Fernández, I.; Queralt Jiménez, A.; *Prácticas de Derecho Constitucional*, Tirant lo blanch, 2012.

Álvarez Rodríguez, I.; *Elementos de Derecho Constitucional III. Derechos Fundamentales*, UCM, MADRID, 2023.

Álvarez Rodríguez, I.; *Lecciones de Derecho Constitucional I*, UCM, Madrid, 2020.

Álvarez Rodríguez, I.; *Lecciones de Derecho Constitucional II*, UCM, Madrid, 2021.

Álvarez Rodríguez, I.; *Sobre la libertad académica*, Dykinson, Madrid, 2023.

Alzaga Villaamil, Ó.; y Álvarez Rodríguez, I.; *Derecho político español según la Constitución de 1978: Tomo II. Derechos fundamentales y órganos del Estado*, Marcial Pons, Madrid, 2021, 7.ª edición.

Alzaga Villaamil, Ó.; y Álvarez Rodríguez, I.; *Derecho político español según la Constitución de 1978: Tomo I. Constitución y fuentes del Derecho*, Marcial Pons, Madrid, 2021, 7.ª edición.

Appiah, K. A.; *Las mentiras que nos unen. Repensar la identidad. Creencias, país, color, clase, cultura*, Taurus, Barcelona, 2019.

Aragón, M.; de Carreras, F.; Díez Nicolás, J.; Fernández, T-R.; García Delgado, J. L.; Lamo de Espinosa, E.; Mangas, A.; Sosa Wagner, F.; Tortella, G.: *España: Democracia menguante* Fundación Colegio Libre de Eméritos, Madrid, 2022.

Arias Maldonado, M.; «El tiempo de los profesores universitarios», *Universídad. Una conversación pública sobre la universidad*, 23/6/2022. En línea: https://www.universidadsi.es/desempeno-docente-de-calidad/.

Bain, K.; *Lo que hacen los mejores estudiantes de universidad*, Universidad de Valencia, 2014.

Bain, K.; *Lo que hacen los mejores profesores universitarios*, Universidad de Valencia, Valencia, 2007.

Balaguer Callejón, M.ª L.; *Derecho, sexo y filosofía. Transmodernidad y normatividad*, Comares, Granada, 2023.

Barrere Unzueta, M.; «La interseccionalidad como desafío al mainstreaming de género en las políticas públicas», *Revista Vasca de Administración Pública*, n.º 87-88.

Berg, M.; y Seeber, B. K.; *The Slow Professor. Desafiando la cultura de la rapidez en la academia*, Editorial Universidad de Granada, Granada, 2022.

Berlin, I.; *El erizo y el zorro*, Península, Barcelona, 2019.

Biglino Campos, P.; Bilbao Ubillos, J. M.; Rey Martínez, F.; Matia Portilla, F. J. y Vidal Zapatero, J. M. (coords): *Lecciones de Derecho Constitucional II*. 3.ª ed.; Lex Nova-Thomson Reuters. Valladolid, 2022.

Bilbao Ubillo, J. M.; Rey Martínez, F.; y Vidal Zapatero, J. M.: *Lecciones de Derecho Constitucional I*. 4.ª ed. Lex Nova. Valladolid, 2018.

Blanco Valdés, R.; *Luz tras las tinieblas. Vindicación de la España constitucional*, Alianza, Madrid, 2018.

Bourdieu, P.; *Homo academicus*, Siglo XXI Editores, Buenos Aires, 2008 (1.ª edición original: 1984).

Braunstein, J. F.; *La religión woke. Anatomía del movimiento irracional e identitario que está poniendo en jaque a Occidente*, La Esfera de los Libros, Madrid, 2024.

Burke, P.; *El polímata. Una historia cultural desde Leonardo da Vinci hasta Susan Sontag*, Alianza, Madrid, 2022.

Burke, P.; *Ignorancia. Una historia global*, Alianza Editorial, Madrid, 2023.

Bustos Gisbert, R.; *La Constitución red. Un estudio sobre supraestatalidad y Constitución*, Instituto Vasco de Administración Pública, San Sebastián, 2005.

Cancio, Raúl C.; «Cinema friendly», en Prieto de Pedro, J.; y Dedeu Pastor, R. (coords.); *Libertad, arte y cultura. Reflexiones jurídicas sobre la libertad de creación artística*, Marcial Pons, Madrid, 2023.

Cercas, J.; «Hugh Grant y el porvenir de la novela» en su libro *No callar. Crónicas, ensayos y artículos, 2000-2022*, Tusquets, Barcelona, 2023.

Cercas, J.; *El punto ciego. Las conferencias Weidenfeld 2015*, Random House, Barcelona, 2016.

Coignard, S.; *La tiranía de la mediocridad. Por qué debemos salvar el mérito*, Deusto, Barcelona, 2024.

Davies, W.; *Estados nerviosos. Cómo las emociones se han adueñado de la sociedad*, Sexto Piso, Madrid, 2020, 2.ª edición.

Davis, P.; *Compromiso. Una contracultura en la época de la navegación infinita*, Rialp, Madrid, 2023.

De Benoist, A.; *La capa de plomo. Una deconstrucción de las nuevas censuras*, EAS Editorial, Alicante, 2022.

De Esteban, J.; «Buceando en nuestro pasado preconstitucional (respuesta al profesor Rubio Llorente)», *Teoría y Realidad Constitucional*, n.º 5, 2000.

Deneen, P. J.; *Cambio de régimen. Hacia un futuro posliberal*, Homo Legens, Madrid, 2023.

Deneen, P.; *Cambio de régimen. Hacia un futuro posliberal*, Homo Legens, Madrid, 2023.

Desdentado Daroca, E.; «La libertad de creación literaria». En Prieto de Pedro, J.; y Dedeu Pastor, R. (coords.); *Libertad, arte y cultura. Reflexiones jurídicas sobre la libertad de creación artística*, Marcial Pons, Madrid, 2023.

Díez-Picazo Giménez, L. M.ª; «Variaciones sobre el control de convencionalidad», *Teoría y Realidad Constitucional*, n.º 51, 2023.

Díez-Picazo, L. M.ª; *Ordenamiento constitucional español*, Tirant lo blanch, Valencia, 2023, 2.ª edición.

Díez-Picazo, L. M.ª; *Sistema de derechos fundamentales*, Tirant lo blanch, Valencia, 2021.

Domingo, C.; *#Cancelado. El nuevo Macartismo*, Círculo de Tiza, Madrid, 2023.

Eatwell, R.; y Goodwin, M.; *Nacionalpopulismo. Por qué está triunfando y de qué forma es un reto para la democracia*, Península, Barcelona, 2019.

Erriguel, A.; *Pensar lo que más les duele. Ensayos metapolíticos*, Homo Legens, Madrid, 2020.

Escudero Mancebo, D.; «Proyecto docente e investigador», Catedráticos de Universidad. Área de Ciencia de la Computación e Inteligencia Artificial, Universidad de Valladolid, 29 de mayo de 2023. En línea: https://uvadoc.uva.es/bitstream/handle/10324/59693/proyectoDocenteInvestigadorEscuderoMancebo.pdf?sequence=1&isAllowed=y.

Falcón y Tella, M.ª J.; *Derecho y literatura*, Marcial Pons, Madrid, 2015.

Fernández-Miranda Campoamor, A. y Fernández-Miranda Campoamor, C.; *Sistemas electoral, partidos políticos y Parlamento*, Editorial Colex, Madrid, 2009, 2.ª edición.

Finkel, D.; *Dar clase con la boca cerrada*, Universidad de Valencia, Valencia, 2008.

Foster Wallace, D.; *Esto es agua. Algunas ideas, expuestas en una ocasión especial, sobre cómo vivir con compasión*, Random House, Barcelona, 2014.

Freixas, L.; «Contra la autoficción», *Letras Libres*, 2 de noviembre de 2018.

Frías, M.; *La interseccionalidad de la discriminación por razones de raza, etnia y género*, Proyecto «Convivir sin discriminación: un enfoque basado en los derechos humanos y la perspectiva de género», Madrid, 2022.

Gaiman, N.; *La vista desde las últimas filas*, Malpaso Ediciones, Barcelona, 2017.

García Figueroa, A.; «Charlatanería universitaria y feminismo posveritativo». En Núñez Vaquero, Á.; y Morales Luna, F. F. (eds.lits); *Libertad de expresión. Debates pendientes*, Palestra Editores, Perú, 2022.

García Figueroa, A.; *Praxis. Una introducción a la moral, la política y el Derecho*, Atelier, Barcelona, 2017.

García Pelayo, M.; *Inédito sobre la Constitución de 1978*, Tecnos, Madrid, 2021.

García Roca, J.; *Lecciones de Derecho Constitucional*, Civitas, Cizur Menor, 2023.

García Roca, J.; y Bustos Gisbert, R.; *Identidades europeas, subsidiariedad e integración*, Aranzadi, Cizur Menor, 2022.

García-Holgado, A.; *Proyecto Docente e Investigador. Profesora Contratada Doctora. Perfil Docente: Ingeniería de Software e Interacción Persona-Ordenador. Perfil Investigador: Mujer en Informática. Área de Ciencia de la Computación e Inteligencia Artificial*. Salamanca, España: Departamento de Informática y Automática, 2022, Universidad de Salamanca. doi:10.5281/zenodo.7164375.

Garrorena Morales, Á.; «Cuatro tesis y un corolario sobre el Derecho Constitucional», *Revista Española de Derecho Constitucional*, n.° 51, 1997.

Gilbaja Cabrero, E.; y Álvarez Rodríguez, I.; «Imagen y presencia del profesorado universitario en el aula», *Revista Docencia y Derecho*, n.° 12, 2018.

Golombek, D.; *La ciencia de las (buenas) ideas. Manual de evidencias para la creatividad, la innovación y el pensamiento disruptivo*, Siglo XXI Editores, Buenos Aires, 2022.

Hirigoyen, M-F.; *Los narcisos han tomado el poder*, Paidós, Barcelona, 2020.

Hyde, D.; *Compromiso y liderazgo*, HazteOír.org, Madrid, 2014.

Krzywon, A.; «El iliberalismo constitucional ha llegado para quedarse. Las experiencias centroeuropeas», *Revista de Derecho Político*, n.° 113, 2022.

Leys, S.; *La felicidad de los pececillos. Cartas desde las antípodas*, Acantilado, Barcelona, 2011.

López Guerra, L.; *La Constitución de España*, Tirant lo blanch, Valencia, 2023.

Maestro, J. G., *Ensayo sobre el fracaso histórico de la democracia en el siglo XXI: La posmodernidad democrática como medio de destrucción de la libertad y del Estado moderno*, Editorial Academia del Hispanismo, Vigo, 2024.

Marín-García, J. A.; *Proyecto docente, investigador y de gestión presentado para concursar a la plaza de catedrático/a de Universidad*, concurso n.° 69/21 (cód: 6558), área de conocimiento «Organización de Empresas», 2021, *RiuNet: Universitat Politècnica de València*.

MERING, N.; *El dogma woke: Una respuesta cristiana ante la ideología de moda*, Rialp, Madrid, 2023.

MURAKAMI, H.; *De qué hablo cuando hablo de escribir*, Tusquets, Barcelona, 2017.

MURRAY, D.; *La masa enfurecida. Cómo las políticas de identidad llevaron al mundo a la locura*. Península, Barcelona, 2020.

NIETO, A.; *El mundo visto a los 90 años*, Comares, Granada, 2022, p. 121 y ss.

NIETO, A.; *La tribu universitaria*, Tecnos, Madrid, 1984.

OLIER, E.; *La debacle de occidente. Las guerras del siglo XXI*, Almuzara, Córdoba, 2023.

OREJUDO, A.; *Grandes éxitos*, Tusquets, Barcelona, 2017.

OREJUDO, A.; *Un momento de descanso*, Tusquets, Barcelona, 2011.

OVEJERO, F.; *El compromiso del creador. Ética de la estética*, Galaxia Gutenberg, Barcelona, 2014.

OVEJERO, F.; *Sobrevivir al naufragio. El sentido de la política*, Página Indómita, Barcelona, 2020. OVEJERO, F.; *La deriva reaccionaria de la izquierda*, Página Indómita, Barcelona, 2018.

OVEJERO, F.; *Sobrevivir al naufragio. El sentido de la política*, Página Indómita, Barcelona, 2020.

ÖZKIRIMILI, U.; *Cancelados. Dejar atrás lo woke por una izquierda más progresista*, Paidós, Barcelona, 2023.

PARDO, J. L.; *Estudios del malestar. Políticas de la autenticidad en las sociedades contemporáneas*, Anagrama, Barcelona, 2016.

PÉREZ-DÍAZ, V.; *Universidad, ciudadanos y nómadas*, Ediciones Nobel, Oviedo, 2010.

PLUCKROSE, H.; Y LINDSAY, J.; *Teorías cínicas. Cómo el activismo académico hizo que todo girara en torno a la raza, el género y la identidad y por qué esto nos perjudica a todos*, Alianza editorial, Madrid, 2023.

PRIETO DE PEDRO, J.; Y DEDEU PASTOR, R. (coords.); *Libertad, arte y cultura. Reflexiones jurídicas sobre la libertad de creación artística*, Marcial Pons, Madrid, 2023.

PROCTOR, R. N.; Y SCHIEBIENGER, L. (eds); *Agnotología. La producción de la ignorancia*, Prensas de la Universidad de Zaragoza, Zaragoza, 2022.

Punset Blanco, R.; «Los primeros veinte años de ciencia española del Derecho Constitucional», *Revista de Estudios Políticos*, n.º 108, 2000.

Ramió, C.; *Manual para los atribulados profesores universitarios*, Los Libros de la Catarata, Madrid, 2014.

Rendueles, C.; *Contra la igualdad de oportunidades. Un panfleto igualitarista*, Seix Barral, Barcelona, 2020.

Revel, J-F.; *El conocimiento inútil*, Página Indómita, Barcelona, 2022 (1.ª edición original: 1988).

Rey Martínez, F.; *Derecho antidiscriminatorio*, Aranzadi, Cizur Menor, 2024, 2.ª edición.

Romero, M.; «Introduction: intersectionality and transforming the production of knowledge». En Romero, M. (ed); *Research Handbook on Intersectionality*, Edward Elgar Publishing, Cheltenham-Northampton, 2023.

Rubio, E.; *Religión woke: El despertar del supremacismo identitario*, Almuzara, Córdoba, 2023.

Rushdie, S.; *Los lenguajes de la verdad*, Seix Barral, Barcelona, 2023.

Saralegui, M.; *Breve historia del pensamiento político*, Guillermo Escolar, Madrid, 2022.

Saralegui, M.; *Breve historia del pensamiento político. De Maquiavelo al coronavirus*, Guillermo Escolar Editor, Madrid, 2022.

Saunders, G.; *Felicidades, por cierto. Algunas reflexiones sobre la bondad*, Seix Barral, Barcelona, 2020.

Shklar, J.; *Vicios ordinarios*, Fondo de Cultura Económica, México, 1990.

Simón Castellano, P.; y Dorado Ferrer, J.; *Derecho Constitucional. Esquemas y casos prácticos para su estudio*, Editorial Colex, A Coruña, 2021.

Steiner, G.; *La barbarie de la ignorancia*, Alfabeto, Madrid, 2022, 3.ª edición.

Torné, G.; *La cancelación y sus enemigos*, Anagrama, Barcelona, 2022.

Torres Muro, I.; *La autonomía universitaria. Aspectos constitucionales*, CEPC, Madrid, 2005.

Torres-Salinas, D.; «¿Cómo preparar el proyecto docente e investigador y el currículum vitae para una plaza de profesor contratado doctor o titular de universidad?», 1/2/2023.

URÍAS, J.; *Libertad de expresión. Una inmersión rápida*, Tibidabo ediciones, Barcelona, 2019.

VALDEÓN, J.; *La razón en marcha. Conversaciones con Félix Ovejero*, Alianza, Madrid, 2023;

VALIENTE MARTÍNEZ, F.; *La democracia y el discurso del odio*, Dykinson, Madrid, 2020.

VARELA SUANZES-CARPEGNA, J.; «¿Qué ocurrió con la ciencia del Derecho Constitucional en la España del silo XIX?», *Boletín de la Facultad de Derecho de la UNED*, n.º 14, 1999.

VÁZQUEZ, V.; *La libertad del artista. Censuras, límites y cancelaciones*, Athenaica, Sevilla, 2023.

VONNEGUT, K.; *Que levante mi mano quien crea en la telequinesis y otros mandamientos para corromper a la juventud*, Malpaso Ediciones, Barcelona, 2014.

VV. AA.; *Manual de legislación europea contra la discriminación*, Agencia de los Derechos Fundamentales de la Unión Europea y Consejo de Europa, Luxemburgo, 2019.

Cód. 07

Made in United States
North Haven, CT
04 November 2026

21719568R00085